凤凰师轩

行知工程 Education 教育管理力系列

李其玉 著

让普通学校崛起的20个细节

——『生命为本』教育团队成长密码

江蘇鳳凰教育出版社
Phoenix Education Publishing, Ltd

图书在版编目（CIP）数据

让普通学校崛起的20个细节："生命为本"教育团队成长密码/李其玉著. —南京：江苏凤凰教育出版社，2015.10

ISBN 978-7-5499-5349-3

Ⅰ.①让… Ⅱ.①李… Ⅲ.①学校管理—研究 Ⅳ.①G47

中国版本图书馆CIP数据核字（2015）第183583号

书　　名	让普通学校崛起的20个细节——"生命为本"教育团队成长密码
作　　者	李其玉
责任编辑	沈静明　雷利军　张晓兰
出版发行	凤凰出版传媒股份有限公司
	江苏凤凰教育出版社（南京市湖南路1号A楼　邮编210009）
苏教网址	http：//www.1088.com.cn
照　　排	润星之源文化有限公司
印　　刷	三河市九洲财鑫印刷有限公司
厂　　址	河北省三河市灵山大口
开　　本	787毫米×1092毫米　1/16
印　　张	15.5
字　　数	197千字
版　　次	2015年10月第1版　2015年10月第1次印刷
书　　号	ISBN 978-7-5499-5349-3
定　　价	30.00元
网店地址	http：//jsfhjycbs.tmall.com
邮购电话	025-85406265,85400774　短信　02585420909
E - mail	jsep@vip.163.com
盗版举报	025-83658579

爱是无意识的，不需要刻意，也没有承诺！她是盛开在灵魂深处的花，悠悠地散发芳香，不管见与不见，她都与你同在。

谨以此书献给所有热爱教育，热爱生活，热爱生命的朋友们！

序一

生命教育的诗篇

——锦西实小是怎样成为生命成长乐园的

李其玉老师的新著《让普通学校崛起的20个细节——“生命为本”教育团队成长密码》即将面世，作为教育同行及朋友，我为她高兴，为她祝福！2009年，李其玉老师来南京，那是我第一次见到她。听她谈到锦西外国语实验小学（以下简称“锦西实小”）的情况，便激起我去锦西实小看看的愿望。2010年，四川省陶研会在成都市举办全国小学校长“教育与生命”高层论坛，我应邀参加这次论坛。论坛活动正是由锦西实小承办的，于是我来到了向往的锦西实小，第一次直接感受到锦西实小确实是生命成长的乐园。在锦西实小读书的学生是幸福的！锦西实小的老师和员工们是幸福的！锦西实小的家长是幸福的！

本书讲述的是锦西实小成长背后的故事。我读后感到锦西实小的教育体现着生命哲理的教育艺术，是美丽的生命教育诗篇！我曾一直思考锦西实小为什么能成为生命成长的乐园，李其玉老师的这本《让普通学校崛起的20个细节——“生命为本”教育团队成长密码》让我找到了答案：锦西实小群体的辛勤付出是根本；完整意义的人的领导是关键；珍爱生命是核心动力；教育智慧是成就美丽生命的保证。

锦西实小群体的辛勤付出是根本

李其玉老师曾说过：“锦西实小的成长，是因为挚爱她并为她完全付出的人，不是一个，而是一群！”

“不是一个，而是一群！”说得多好！简明地揭示了群体的辛勤付出才是锦西实小成长为生命乐园的根本！

2000年，锦西实小刚刚建校，经多方努力才招收到129名学生；到2011年，锦西实小的发展经历了怀疑、放弃，到信任、热捧，这是锦西实小人共同努力、执着耕耘铸就的。因校内研究课失败，周骞老师为自己制订了成长计划，要求自己每天做到“五个一”；吴黎老师因区上演讲失败备受打击，面对同伴的关怀，吴黎老师将挫折化作动力，努力提升自我，所带班级学生两次参加区上调研考试，两次均获“第一”，吴黎老师还成为成都市第一位受国家汉语国际推广领导小组办公室派遣赴美国交流的小学语文教师。此外，锦西实小还涌现出一大批优秀教师：陈颖、董莉、徐军、李雪、谢薇、朱文乐等。由于各方面都取得了显著成绩，锦西实小终于获得信任，受到了热捧。而这正是优秀的锦西实小人，执着追求、辛勤付出的成果！

执着追求、辛勤付出的不仅仅是教师和领导，还包括所有的后勤人员，如做财务工作，有着“美丽身影”的刘本梅等。锦西实小成为生命乐园缘于锦西实小群体的辛勤付出，但“辛勤付出”并非仅是苦干、仅是劳累，他们还收获着快乐！正是多种多样的教育创新成就了锦西实小“生命为本”的教育诗篇！

原副校长欧阳小芹因健康原因提前退休。对锦西实小真挚而深情的爱促使她在10年校庆时送来了自己的积蓄向学校献礼，过后，学校多次要把钱退给她，她却总是低下头，默默流泪。此外，锦西学子深深关爱着每一个同伴，如读到肖潇与老师、同学结下的生死友谊时，怎能不令人感动！

锦西实小人具有“像狮子一样强悍”的品质，以教育人的坚忍顽强，维护教育的尊严，维护教育人的尊严！书包的风波、门卫室的风波、对待

“鲁莽叔叔”的故事，都表明锦西实小群体的坚忍顽强是成就锦西教育的重要因素之一。

在锦西实小的成长过程中，除教师与管理者之间常发生各种矛盾外，教师与教师之间，尤其是教师和家长、学生之间也不断有这样那样的矛盾，但锦西团队拥有如山一般的胸怀，他们包容、原谅，进而成就了锦西实小。

锦西实小是一个和谐亲密、相互关爱的集体。欢喜时同乐，忧伤时同担。何娟老师赛课失败后，整个团队给予她的心灵的陪伴让我们看到锦西实小的团结，他们友爱如一人！

锦西实小正是因为拥有这样一群挚爱她并为她全心全意付出的人，才逐渐被人认可，并走向成熟，乃至受到热捧。他们，是锦西实小成长的根本！

“完整意义的人”的领导是关键

锦西实小秉持“生命为本”的教育理念。做校长时，李其玉就是遵循这一办学理念辛勤工作的。

对人的生命应如何理解？李其玉老师强调：“教育是要培养完整的生命，造就完整意义的人！”“真正的教育必须由完整意义的人去完成，教育人先育！”可见她强调的是教育者必须是完整意义的人！教育者的生命自觉表现在对自我生命成长的要求，是自觉教育者应具有的清晰的自我生命目标意识。正是这样的教育者领导锦西实小，带领着所有锦西实小人共同奋斗，才使得锦西实小成为生命成长的乐园。

李其玉老师的教育目标是培养懂得珍爱生命、享受生命的完整意义的人。我理解的完整意义的人应是品格、学问、工作、生活都积极向上，能活出多重角色的精彩的人。完整意义的人，才能“懂”人，才能“爱”人。例如，已离异的女教师燕，为了不让女儿心中埋下仇父的种子，便开始了

“爱女”计划，创造机会让女儿感受父亲真切的爱；兔妹和猪哥的婚礼，朋友们以诗的形式贺喜，反映了新郎新娘浪漫的爱情故事，一条条给新人的幸福赠言更是表现了美好真诚的友情！

作为培育完整生命的教育者，李其玉老师不仅仅在品格、能力方面都发展得很好，而且懂得热爱生活，享受生活。她为了给丈夫一个惊喜，在对方不知情的情况下，悄悄为丈夫筹划了一个浪漫而独特的49岁生日聚会。以如此“浩大的工程”创造“忙碌的人的浪漫”，是否太辛苦了？不！这个过程正是她表达对丈夫的爱的过程，正是她享受幸福的过程！具有生命自觉，懂得享受生命的人，才能带领锦西实小人践行“生命为本”的教育理念。

因为李其玉老师自身是完整意义的人，她懂人，爱人。她总是自然地表现出对老师和孩子们的爱，她对老师们常常称“我的伙伴们”，对学生则称“可爱的孩子们”。每逢新年到来，她总要给教职工每人一张新年贺卡，贺卡上总要亲笔写下贺词。在“十年锦西，生命花开”的校庆晚会上，在唱起生日歌时，她和两个孩子一起推着蛋糕走上舞台，其中昊阳同学左手骨折缠着绷带。她让受伤的孩子也登上舞台，因为她“懂”孩子、“懂”孩子的妈妈。她走进了孩子的心中，倾听到了孩子内心的呼唤！作为完整意义的人的生命自觉，作为校长的教育自觉，促使她努力创造适合于每个孩子成长的教育。

另外，我非常佩服李其玉老师精细化的学校管理。“生命为本”的精神体现在精细化管理的方方面面，在你想不到的地方下功夫。因为珍爱生命，心中有“人”，便想到了种种办法、措施，体贴人、关爱人。例如，教学生摆放铅笔的学问，为上研究课、示范课的老师选择衣着，校门两侧花架下制作长条凳供放学接孩子的家长休息，为提前到校的孩子准备塑料小凳，等等。管理工作如此周密细致，决不是方法、技术、能力的问题，而是作为自觉教育者，心中有“人”，有“生命为本”的教育理念决定的。管理就是解放人、教育人、发展人，锦西实小人正是在这样的细微处成长，在这样的细微培养过程中，散发着生命的芳香。这样精细的学校管理很好：第一，各类规范全面、细致；第二，每一条规范的教育价值都很明确，因此规范的培养就是一种教育过程，不是简单、机械的训练，而是对心理品质的培养、道德品质的培养、审美能力的培养；第三，对规范的训练是人的生命教育的具体实施。

在“道是无情却有情”中，让我们看到了锦西实小引领人李其玉的优秀品格。李其玉对教育、教学中出现的问题和疏漏不会有丝毫的“宽大和放松”。所谓“无情”就是“严厉”，就是“凶”，是另一种形式的“有情”。锦西实小半数以上的老师都被李其玉“凶”过。但老师们被“凶”过后逐渐领悟了“凶”是“有情”的另一种形式，是为了使他们崇尚规则、积极进取，是对生命潜质潜能的呼唤与培育。

在锦西实小的发展历史中，李其玉就是因为如此的“无情”而受到了锦西实小人的真心爱戴！就是因为如此的“无情”而使锦西实小成长为生命的乐园！

李其玉老师对自己也是“无情”的，对待工作是忘我的、拼命的。成都市著名特级教师冯先蓉，爱锦西实小如同爱自己的孩子，锦西实小人亲切地称她为“冯妈妈”。一次，冯妈妈激动地数落李其玉：“说真的，如果是我的亲生女儿的话。我要打人了！没有看到过像你这般不要命的！”看到这些话，不能不为之动容。李其玉，是把生命融入锦西实小的人。当然，在锦西实小，这样的忘我不是李其玉一个人，而是锦西实小人共有的特点。李琳老师为了《为生命而歌》的顺利出版把办公室当作“单人婚房”，陈明华为了公开课试讲了 20 次，优秀班主任林莉的甜蜜午睡等都告诉我们，锦西实小人个个都是“忘我”的人！当然，有“忘我”的人的带领才是关键！

珍爱生命是核心动力

锦西实小的发展，群体的付出是根本，校长的领导是关键，而“珍爱生命”是锦西实小人创造的核心动力！

正因为有这样内在的核心动力，工作才成为锦西实小人生命最朴素的状态，“心中装着工作，以闲适耕耘”是锦西团队成员的生命常态。“一个个别具匠心的创意、方案，便从日常生活、从每一个不经意间向锦西实小人走来……”“生命作为一个整体，岂能分清工作和休闲呢?”

“珍爱生命”指引着锦西实小教育的方向，他们努力为每一个学生生命的成长和一生的幸福奠基！他们认为，一个完整的人，其生理素质、心理素质、社会文化素质，都应该得到很好的培养，要促进其发展，不使其有终身的缺失，终身的遗憾。可见他们不仅对学生当前的发展负责，也为其终身的发展、终身的幸福负责！

因为有了“珍爱生命”的核心理念，也就相应的具有了教育自觉。因而就能稳当地把握教育的改革和运作，正确贯彻落实有关文件精神。即使面对“减负”这样普遍存在的问题，也能理智地静对。

在“生命为本”的锦西实小，“阅读，是一道风景”，是锦西实小人的一种“基本的生命形态”。教师们珍爱生命，把“生命为本”的理念植入学生心间，一个二年级的学生也能将“生命为本”的办学理念随意地写出来、画出来。李其玉在给我的邮件中说：“我心中的梦想就是希望我能为成长中的生命带来福泽，我希望那些有缘与我相识或者不相识的孩子能够因为我而成长得更幸福，更快乐！”

教育智慧是成就美丽生命的保证

“珍爱生命”处于锦西实小人教育素养中的核心地位，既指引着教育的方向，又是促进教育发展的内在动力。“珍爱生命”必然表现出教育智慧、教育创新，这是锦西实小成长为生命乐园的保证。

毕业典礼是每个学校都会举办的，但锦西实小人充分发挥他们的教育智慧，使每次毕业典礼都成为具有魅力的美丽的教育诗篇！从2006年6月锦西实小欢送首届毕业生开始，每一届的毕业典礼都把学生的成长历程诗意地留在了他们未来的生命中。每一届毕业的学生，都会为母校留下一处景点。学生、老师、家长都享受着这内涵丰富、浪漫而温馨的时刻！我有幸参加2010年的毕业典礼，典礼共分为七个环节，开始的“赠送小云雀”环节，每个学生都会收到学校吉祥物小云雀，小云雀的吊牌上都写有“我健康，我快乐，我成长！”的校训，难道这不是享受，不是幸福？那“师生拥抱”环节，“转送毕业证书”等环节，无不令人激动！“转送毕业证书”环节是学生把毕业证书转给家长，即把代表自己人生收获的第一份喜悦，在第一时间与爸妈分享。难道这些不是享受，不是幸福？“亲子拥抱”环节更是令人感动。这样的毕业典礼难道不是锦西实小人教育智慧的展示？难道不是幸福美丽的教育诗篇？

2011年的2月14日，新学期的第一天，恰逢情人节，李其玉以极其别致的方式向老师们祝贺节日。我在当天给她发邮件：“其玉，情人节里，您给老师的礼物实在太别致了！体现着教育的艺术、学校管理的艺术、诗性的教育，以及人与人的关系。我敢说，这是绝无仅有的情人节礼物！”

精致美丽的校园，是珍爱生命的锦西实小人充分发挥自己的教育智慧而创作的艺术品。校园两侧大榕树下的牌子上写着极富童趣的话，锦西实小人为校园陆续建成的各个景点命名都那么富有诗意：“乐心亭”“童年伊甸园”“岁月留香”“守望·梦之翼”“相约阳光”“忘忧谷”“生命如花大道”等。什么是“童性化教育”？什么是“诗性教育”？关爱儿童，富有童真、童趣，魅力如画的锦西校园给予了我们形象的回答。

锦西实小人的教育智慧体现在多方面。晁薇萍老师在教学器材严重缺乏的情况下，闯出了别样的音乐教学之路：她用矿泉水瓶、可乐罐、小石头等，自制各种乐器，使音乐课别具特色，趣味盎然，成为锦西学子的最爱。这样的创作，表现了晁老师的教育智慧，更表现了她关爱学生生命成长的教育自觉。

李其玉和她的伙伴们引导学生家长认识教育、理解教育，更是锦西实小人智慧的彰显，也是锦西实小教育的常态！

2012年初，我给李其玉写邮件，告诉她：“初读了您的短文《岁末的思念与回想》，我想到，您是很英明的。否则天知道您会忙到晚上几点才能休息？您珍爱生命，洞悉生命的价值，您‘明白此生自己还有重要的使命要完成’，您的生命自觉让您毅然辞去校长职务。同时您又‘心怀感恩，怀着祝福，让“权利”离去，回归平实’，人生在一个新的高度重新起航！”

《让普通学校崛起的20个细节——“生命为本”教育团队成长密码》记叙的是一个个有趣的小故事，一看就懂。但我觉得不能只停留在看懂上，更需要我们去思考——用我们的慧眼去寻找小故事里蕴含的生命哲学，探寻小故事里包容的教育哲理。这样我们就能在快乐的阅读中，提高我们的生命自觉和教育自觉。

班　华

序二

凝心聚力唯真情

在成都锦西外国语实验小学飞快向前发展的时候，常常有人谈到她的未来。涉及的话题很多，其中关键的一个是关于学校主张的“生命为本”的教育，这是关于小学教育的哲思，有深沉的思想和创新的内容。

异常遗憾，风华正茂的校长李其玉却因病而辞别了她所挚爱的岗位，转去当校长的老师——为小学校长做培训工作，而这也使人们领略了在新岗位上的她的能量，一批新人在她的引导下成长起来并做出了业绩。一连串事实不仅使人们思考，李其玉究竟拥有怎样的办学才能，不仅自己能够办好学校，还能使受其影响的校长都可以掌握办学的真谛和法度，使学校成为教师、学生和家长钟爱的家园。

这本书，可以看做是对这个问题的自我回答。不反思的生活没有意义，只有反思才能提炼经验、发现规律，获得更加有效的创造方式。读这本书者，见仁见智，都可以从中得到解决自己问题的方法与经验。

一、中师磨砺小学情怀

20 世纪 80 年代，选择读中师的学生，不少人不理解教师这一职业。但是，他们中的绝大多数，后来却都成为优秀教师；岂止优秀，甚至可以称为一代小学教育的脊梁、一代小学教育的功臣。

考察原因，首先，是因小学教育本身的精神、思想、情感无限深邃而广大，清澈而沁人。投身孩子中间，一定会看见人生至美、至善、至真、至纯的一切，感受到清流、神圣。李其玉与孩子心灵相通，她亲近孩子，懂得孩子。孩子每与她说话，便会有豁然开朗之感。在这样的环境里，人心笃定沉稳、优雅，笃定淡远、宁静。

其次，中师教育，注定了能够培养其追求的事业所需的人才队伍，是队伍而不是偶尔的一二能人。选择中师，就选择了人类的未来、民族的根基、乡亲的托付、社稷的重任。在中师人的心底意识的潜在，对小学的意义从不生疑。中师生活亲近自然、简朴丰富、严肃活泼、手脑双挥，脚踏实地，不好高骛远。李其玉在教育生涯中有困惑、有磨难，却一如既往，生生不息。因为她的身上根植着中师人的旨趣及为孩子而歌的真情。

再次，人选中师，中师选人，不是所有进出中师者都能够从一而终，有的人甚至质疑，有必要为小孩子从一而终吗？那些在中师大合唱队伍中站稳了自己声部的人们，那些引吭高歌的人们，他（她）们把一生奉献给了教育事业。李其玉领导的学校和受李其玉影响的学校，都守望着教育的夙愿，努力彰显着人格的灵性，为了不受干扰而宁愿孤独，为了充实生命而行走万里放眼星空，为了孩子生命的萌发壮实而付出心力，为了所创造的教育而不竭探索。这就是中师人的人格、人性。

二、从教育中悟性悟道

“老天为什么这样不公?”李其玉卧病在床，全身无力时曾经这样问。但人只有自己想通，自己战胜自己。卸去校长职务，转任名师工作室首席专家，远离了文山会海检查风，躲进学问的小屋，又寻回了另一番敞亮。

有人问她：“为什么当校长时能够一呼百应？经常会闪出创造的火花，照亮工作里的暗角，凿出新路?”

检视那个岁月，在关键时刻，在紧急关头，她能够冷静应对、依靠大家、断然决定则是重要原因。断然决定也是有区别的，有从容和鲁莽之别、深思和浅表之异、应急和远虑之差。办学初期，事情处理不顺畅；新聚集的年轻教师待遇菲薄；时有街道混混惹是生非，对校园安全造成威胁……事非经过不知难，难易之间，高下能辨，明白事理，善于秉持，李其玉在教职工中渐渐有了威信。

管理学和学校管理学里强调所谓权威。拿一张委任状，戴一个"高顶子"，就有了权威？要说，这一副肉身是有了行使权威的基础或者条件，因为群众在一时一事里信任委任状和官帽，这种权威可以管用些时日，但日子一长久，终会原形毕露。李其玉对学校和教师的真情，流淌在行事为人上，一行一为，一招一式，获得认同，获得支持，这威信才能实实在在地确立起来。所谓一呼百应，所谓创生改革，必须仰赖这个基础及临时的情、理、法、势，李其玉及其团队储备着这样的能量。

三、守望常识，智慧办学

法治还是人治？当然是法治重要，但是，在法治运行里，总是避不开人治的影响和制约；而且，这种人治有狐假虎威的味道，借法治之名行人治之实。

学校有两则故事，就是这类事情。电子设备袭来，某些教学项目也确实受益于种种设备而有所提高，但是，学校没有资金购买。那些年，国家投资不足是一个常识；一些家长先富了也乐于出资支持学校完善设备，也是一种常识。但有关领导处于某种原因考虑，规定不可以利用家长"集资"。那学校建设的资金何来？

学生做作业，做家庭作业是天经地义的事情。古人"头悬梁，锥刺股"、囊萤凿壁，毛泽东都曾在城墙洞里学习。给学生留家庭作业，怎么就成了违反素质教育的违规行为？难道几十元一本的绘本、上百元的电子读物就是素质教育的正当阅读材料？难道捆绑头脑的电子读物实行的是素质教育，而几十分钟的家庭作业就足以毁掉健康？家长对此想不开。教育的病态在于社会缺少自觉判断，病态的无知怂恿家长盲目追随戕害学生身心的恶行。不去禁绝逐利的、有谋划的泛滥，而去限制群众按照常识去进行的选择，这种管理教育的做法一定没有出路。

用"三严三实"作风和反"四风"的精神衡量，不准合理集资和不准留家庭作业都没有充分道理。李其玉的学校依靠家长把事情解决了。学校工作得到支持，教学效益得到提高，学生良好发展，家长十分满意，学校的教育力得到增强，何乐而不为？

发人深思的是，当前的优质学校之所以存在而且发展，有许多因素起作用。就在李其玉不理会莫名其妙的规定而"我行我素"时，教育行政部门的领导则既不干涉，也不批评纠正，他们保护着这些合理的种子，一任其荫庇学生合理、健康而全面的发展。

四、以人为本的管理

校长的价值在于领导管理，或曰"导理"。着力点应该在教师身上，在教师们的言行当中。领导什么？管理什么？要看教师理解什么？做什么，实践什么？

锦西实小的一位教师，诚实、想做事，交办的工作肯定能够完成，而且完成得很到位；但是他的性格倔强，不灵活。对于他，怎么导？李其玉的办法是鼓励他提出项目，只要合理就一定支持，这是"导"，使其迈步，释放活力。继而，帮助其设计，为需要和成功提供保障，这是"理"。李其玉是一个完美主义者，向完美方向去导，力求完美的成功，两人一拍即合。于是，这位不灵动的教师屡创佳绩，成为教育界小有名气的人。

办好学校不可能一蹴而就，不能企求十天半月即可成功。锦西实小是一所新建的、由年轻人当家的学校。在充斥着短时间就要新人辈出、强校林立的当下，李其玉从基础做起。所谓基础，包括建设班主任队伍。培训、实践、交流、研讨，年复一年地推出新人。烈日下的清凉处就是培训场所，这里活跃着年轻的心。听李其玉谈论班主任，如数家珍，如琢宝玉。听李其玉赞美班主任的工作，有教室里的精神、班会课的惬意、责任区的清洁卫生……渐渐地，优秀教师越来越多、班级管理越来越好、学生成绩不断提高。后来，人们熟知了锦西实小学生的学业成绩，于是转学择校者门庭若市。

在年轻人当家的学校，当然有许多年轻的需求。学校有位非常敬业、非常精业的老师，倏忽间婚姻成了老大难问题。为了事业，也为了友谊，李其玉总是把这桩事挂在心上。年复一年，有情人终成眷属，那高兴劲儿，就像亲兄妹有了归属一样。教师所从事的是创造性事业。创造又是心的事业。不同人进入创造需要不同的心境，对于青年教师而言，除去他们的后顾之忧，使他（她）们轻装上阵属于保障创新的要义。一呼百应的学校，教师不仅没有后顾之忧，也没有分不匀的、你争我夺的功利。

五、穷根究底，培育正气

“身正为师，德高为范。”任何一所学校必须树立正气，立德树人；反贪除腐必须带头人行止端正；学校风清气正，保证着“千教万教，教人求真；千学万学，学做真人”。李其玉领导下的学校，是非分明，对于违规的事必会穷根究底。

在锦西实小，一个校工违规收取家长的择校费后离岗，事情发生很久后学校才知道。学校想方设法，历经波折，终于替家长追回款项，给了家长一个解释和警示。

化解“坏事”是学校绝对要处理的工作，确立正能量、弘扬正气则是更需抓住的大事。在这方面，李其玉重视学校的常规建设，始终把学校的运行建立在常规之上，同时注意更新和完善常规以适应新形势、新情况。

锦西实小的各项常规分门别类一大册，然而，违规的事情少之又少。为什么？“理通人不怪”。学校的常规虽然细致复杂，但是，其道理却是一步步解释过来的，行为是一步步立起来的，这是新建学校的优势。功夫不负有心人，常规通了，学校的基础坚实平稳了，接下来就能够腾出手来思考最要紧的事情。

学校第一个毕业班的毕业典礼如何举办，这是大事。那年月，毕业典礼上来宾很多，许多学校都会请专业团队来设计、筹措。当时，锦西实小也曾考虑找一个专业团队来设计，但团队来了，丢下一句话：“31万元，保证搞好！看你们刚才的排练，特土。”这绝对属于抢掠的话语，实在是一种敲诈的恶行。“土就土!”学校的毕业庆典哪里一定要专业团队来设计和表演？于是，锦西实小人决定自己办。一个月下来，师生自己装台、排练、演出，兴奋了师生、兴奋了家长、兴奋了来宾。这种兴奋化作学校的意志，使全体锦西实小人走得更加坚实，步履更加坚定。

这本书写故事、写细节，在故事与细节中蕴含着教育哲理。因为本书出自勤于思考、认真实践的教育人，故散发着令人回味的气息，留着隽永的笔墨。

姚文忠

目录 Contents

缘起：因为爱过

“校长，又是一个岁末迎新的时刻，想您了。想念每一次钟声敲响时，您送给我们的新年贺卡；想念每一次周例会时，您娓娓道来的那些话；想念我们犯错时，您对我们的‘凶’……”

这是2012年12月，锦西实小一位老师发给我的短信。新年将至，这样的短信很多，一条一条的翻读，原本神采飞扬的我，突然间痛哭失声！一年半的时间，我以为自己真的放下了、遗忘了。不能控制的痛哭，让我知道，11年的岁月，几千个日子的辛勤耕耘与付出，可以放下，却怎么可以忘怀？

能放下的是锦西实小校长的名分，但11年爱我的和我爱的孩子们早已成为我生命的一部分，怎么可能因放下就忘怀？

11年，从白手起家的艰辛，从寂寞到繁华的四千多个日子，怎么可能不做校长了就不再记起？

无数个夜晚与同伴的说课、磨课，在陪伴与引领中历练的真挚友情，怎么可能因为离开而淡忘？

一切名分、一切职务可以放弃，可以放下，但那个与伙伴们一起耕耘、一起培育了11年的，可以延续、可以成长、可以丰满的“生命为本”的教育梦，怎么可能放弃呢？

我期望这个从简单开始的梦可以有未来！

2000年的锦西实小，是怎样的简单呢？开校之初，除了129套学生桌椅和9张办公桌，空荡荡的教学楼，什么都找不见。另外，本不善言辞的我是从小县城到成都的，无论是领导还是同行，抑或是家长，对我的了解都得经历一个漫长的过程。再加上为了调到成都，我放弃了2000年评四川省特级教师的机会，当时16位候选人，我得分最高。开校典礼上129名学生仅仅站了本不算宽敞的操场的一角，习惯了家乡学校近2000名学生的热闹与“气势雄伟”，看到此内心是无比凄凉的。无望与孤独中，要强的性格，成为自己生活与事业的支撑，我千百次在心里告诉自己——我要将锦西实小办成老百姓热爱的学校，我要让所有在锦西实小起步时热爱锦西实小、坚守在锦西实小、心甘情愿为锦西实小付出的伙伴们终有一天因在锦西实小工作与生活而骄傲、自豪。

心中有了信念，任何困难都不再惧怕，哪怕有泪水，擦干后依然是快乐与坚强。一步一步，我们小步走着，向前，向前，再向前，不管是遇到怀疑，还是遭受挫折，我们都不放弃、不停歇。

11年，锦西实小由一所普通的小区配套小学，快速成长为大家心向往之的学校，在成都市、四川省，乃至全国都享有一定声望，这在2000年左右新建学校如林的成都是一个奇迹。这样的成长远远超出了办学者的预期，超出了所在地居民的预期，超出了所有锦西实小人的预期，当然，也超出了我自己的预期。昨日的怀疑、否定，均变作嘉赏与钦羡。

2011年8月，我因病辞去了锦西实小校长职务。2012年，身体渐渐有了起色后，金牛区教育局为我成立了工作室，有6所学校成为工作室成员校。带着锦西实小的经验，我又回到了熟悉并热爱的家园。短短三年间，这些学校的快速成长，让我明白：我和锦西实小人积累的经验不仅能成就锦西实小，还能帮助更多的学校，原来，与锦西实小人一路走来的对教育、对文化、对管理的发现、感悟和启思，还能帮助更多的学校，更多的生命。因此，便有了把锦西实小人11年的经验成书的愿望。

回顾锦西实小11年由普通学校快速成长为品牌学校的经历，我梳理出了学校快速成长的20个细节。每一个细节独立成一个章节，每一个章节对细节进行简单的阐释之后，是2～3个小故事，这样便增强了本书的可读性。希望这些感人至深的故事——

能帮助更多跟我一样热爱教育，热爱生命的朋友。

能够让与我一起奋斗了11年的锦西实小人感到自豪，能在文字中看到我们的努力是可以延续、可以生长的。

能够给11年间在锦西实小学习、从锦西实小毕业的孩子们一个永恒的快乐的童年家园，使他们能从这些文字中再次去亲历在锦西实小度过的美好岁月。

能带给所有读到并欣赏这本书的朋友一些启思，更希望这些启思能成为我们生命本质的一部分，让我们能在生命前行的路上，更快乐一点儿，更充实一点儿，更从容一点儿。

李其玉

1

书写在四千多个日子里的执着

将生命的所有汇入当下，并让这样的当下成为生命的常态，于是，生命中就生长出一种叫执着的力量，引领生命披荆斩棘，穿越孤独、冷清，抵达繁华。

讲述锦西实小的故事，我们从锦西实小办学史上出现的两次骗钱的案例开始吧。

第一次

2011 年 8 月，一位家长手持一张 5000 元的收据找到了学校，要求给自己的孩子报名，并要求入读我校一年级。

自从 2007 年规范收费之后，我校所有的费用一律由家长直接交到银行，片区外学生的借读费也是由各区的教育支付中心统一收取，怎么会冒出一张 5000 元的收据呢？

于是，学校迅速展开了调查，事情的真相着实让人吃惊。所谓的 5000 元收据是学校原来的一名保安在 3 月份擅自收取的。当时，正值许多慕名要读我校的家长咨询高峰，学校根据对当年片区内学龄儿童的摸底了解到，2011 年 9 月将入读我校一年级的新生人数已达到计划学位的 95%，所以明确告诉家长今年提供给片区外的名额很少，一律不做“预登记”，但是，有些入读心切的家长仍然时不时到学校“孜孜不倦”地询问。这让当时学校的一名保安钻了空子，他告诉家长，学校不做“预登记”，但是学校会给每个保安一个入学名额，只要家长给他 5000 元，他就将自己的名额让给家长，保证孩子能入读锦西实小。于是，在学校完全不知情的情况下，家长向保安“送”上了 5000 元。

这简直就是一个天大的骗局，且不说当年学位紧张，就是在略有松动的情况下，学校也绝不会给教职工名额的。

于是，学校立刻联系了保安公司，得到的消息是该保安已辞职。知道了事情真相后，保安公司和学校、家长一同到派出所报了案。在警察的帮助下，最终找到了这名保安，家长的5000元被顺利追回。

第二次

2012年8月31日，一位女士带着孩子来报名上学，但6月份的登记中没有孩子的名字，8月发布的新生名单中也没有孩子的名字。于是她找到了学校，经调查得知，一个家住学校旁边小区的人，对该女士说自己跟校长很熟，并保证能让孩子入读锦西实小，据此骗去该家长2.5万元。

以上是锦西实小办学史上出现的两次骗钱案例，虽然两起案例都让锦西实小人颇费周折，但周折的背后是欣慰与感慨——

谁能想到锦西实小11年前的冷清和不被认同能变为受追捧，甚至出现如此极端的案例呢？遥想当年，锦西实小在2000年开办的时候，才招收了129名新生。

从怀疑、放弃，到信任、热捧，锦西实小究竟经历了怎样的成长历程呢？这样的成长，这样的变化，是所有在这片土地上耕耘的教育人十几年间从未有过放弃铸就，十几年间从未有过怀疑铸就，十几年间的执着耕耘铸就。

故事1

驾轻就熟的传说

师：孩子们，大家在日常生活中是怎么锻炼的？

生：打篮球。

生：踢足球。

生：打乒乓球。

师：打篮球需要篮球架，踢足球需要足球场，打乒乓球需要球拍，现在只有一个球，怎么玩？

生：抛球。

生：传球。

生：拍球。

师：看，这是什么？

生：扫帚！

师：对，今天，我们就用这不起眼的扫帚与球结合，创造一种新游戏——扫帚球！来，咱们先来一套“扫帚操”！

在学生的欢呼声中，“扫帚球”一课拉开了帷幕。“扫帚操”之后，是教给学生扫帚球的运球技术、传球技术和射门，最后是分小组进行扫帚球比赛。创新的教材，全新的方式，听课的教师悄悄议论了起来。

“用扫帚玩球，从来没有听说过，有意思！”

“真没想到，扫帚也可以当作体育器材！”

“这老师挺有创意！”

……

这是2004年11月，在美丽的花城广州，锦西实小的体育教师周骞以“扫帚球”一课代表成都参加全国“十城市”体育教学观摩研讨会的一幕。从课的开始到结束，周老师都牢牢地将听课教师的目光锁住。“扫帚球”一课不但让学生学会了怎么玩球，更将利用身边器物进行创意运动的终身体育意识扎根于学生心中。最后，该课获得二等奖。

幸运之门一旦开启，荣誉便接踵而至。

2006年，荣获中国体育科学学会全国重点课题——“21世纪中国学校体育发展研究”（简称“218课题”）体育课例赛课一等奖。

2008 年，荣获全国体育研讨会赛课二等奖。

2009 年，周老师被聘请为四川省体育骨干教师培训班指导教师。

2010 年，周老师成为国家级骨干教师培训班指导教师。

2011 年，四川大学附属中学承办全国体育教师培训。周骞老师受邀与该校初中教师同台献艺，主办方希望通过现场比赛，满足听课教师不同的需求。上课当天，在与学生没有任何接触的情况下，周老师以一个小笑话开场，迅速与学生拉近了距离，嬉笑声中突然一声哨响，“站如松！”随着学生整齐的高呼，一个个学生如苍松矗立。只见周老师或慷慨激昂，或诙谐幽默，或准确示范，或由衷赏识。学生听讲时聚精会神，练习时争先恐后，观课教师被这和谐热烈的课堂氛围所感染，一节课不知不觉间悄然过去，在场师生都感到意犹未尽。

在课后交流中，周老师从常规、氛围、师生关系、评价、运动量设计、组织方法、场地七个方面，结合课堂教学，与参训教师进行了交流。当参训教师们得知周老师和所有老师一样临上课时才见到学生时，都很惊讶。

但是，有谁知道，就在十几年前，周老师的课堂，连最基本的秩序都没办法维持。2001 年 4 月，第一次校内研究课，我们听了周老师一节课，预备练习还没有结束，学生就开始骚动了，31 个学生，不是这个动，就是那个动，一刻不停歇。周老师不断地指责，不断地呵斥，但都无济于事。从十多年前的忙乱到今天的驾轻就熟，他的成长经历了怎样的过程呢？

每天“五个一”，站稳课堂

2001 年校内研究课的彻底挫败，促使周老师为自己制订了一份成长计划——每天做到“五个一”。

每天听一节优秀教师的语文课，琢磨语文老师语言表达的准确、生动，并对不同语文老师的课堂进行比对，揣摩课堂组织的艺术和技巧，提升课堂驾驭能力。

每一节体育课后写教学反思，并从每天的教学反思中找出自己最欠缺的地方，寻找解决这类问题的办法。

每天与学校特级教师冯先蓉沟通，请求其为自己答疑解惑。

每天进行30分钟的静心阅读，并结合阅读内容写简短的读书笔记。

每天晨诵15分钟，提升自己基本的语言表达能力。

坚持带来的变化是神奇的，渐渐地，周老师的课堂不仅变得十分有序，且活力倍增。

百炼成钢，崭露头角

2003年9月到2004年4月是周老师最受“折磨”的几个月——“小蝌蚪找爸爸”（立定跳远）一课，从说课准备到最后参加成都市青年教师赛课，前后修改了近100次。

2003年9月，一接到成都市金牛区教育研究培训中心要在10月份举办体育说课比赛的通知，周老师便开始了准备，一个月的时间，每天说课数次，说课稿每天都要修改好几次。一个月的辛苦磨炼，“小蝌蚪找爸爸”终于获得了10月份金牛区体育说课比赛一等奖，并获得了11月现场赛课的资格。

接下来，又是一个月的艰苦磨砺，每天试讲一次，每天诞生一个新的教学设计。在那一个月的时间里，周边十几所学校的二年级班都曾被周老师借来上课。功夫不负有心人，在11月的赛课中，“小蝌蚪找爸爸”获得了金牛区体育赛课一等奖。周老师也由此获得了2004年4月成都市举办的青年教师赛课资格。

之后，又是辛苦的锤炼。周老师辗转于金牛区的几十所小学试讲，教学设计不断修改、调整，百炼终于成钢，2004年4月，“小蝌蚪找爸爸”

一课在成都市小学青年教师课堂教学比赛中获得了特等奖。

把握契机，跟随大师走将来

人们说，机遇总是留给有准备的人。其实，这里的准备就是指个人的努力和实力。在获得特等奖之后，周老师应邀到各校、各地做课、讲学。这期间，周老师有幸结识了几位教育界大师，与大师的近距离接触，使周老师无论是在专业素养，还是对教育的认知方面，都实现了飞跃。

刘端文，全国“十城市”赛课组委会的理事长。周老师于2004年参加全国“十城市”体育教学观摩研讨会时结识了刘端文老师，之后，一直保持联系。刘老师主张的“尊重学生在课程学习中的主体地位；激发学生体育学习的兴趣，使学生获得积极的情感体验；尊重学生的个体差异，注意因材施教，使每一个学生都学有所得，追求课堂‘汗水＋笑声’的境界”等，引导年轻人去深度思考体育和体育教育。在与刘老师的交流中，周老师提出的“究竟先有目标还是先有内容?”“主导与主体孰重孰轻?”两个问题得到了专家高度重视。

耿培新，中国学校体育研究会副理事长。2008年，周骞老师到大连市参加全国中小学体育教学观摩展示活动，并作为四川省代表在全国新课程改革研讨会上发言。研讨会上，周老师与毛振民、耿培新、庄弼、季浏等体育教育专家坐在一起，对于周骞老师而言，两天的会是一次彻彻底底的头脑风暴。午餐时，周老师与耿培新老师同桌，席间，周老师与耿培新老师交流了作为普通一线教师，在实施新课程过程中的体会与困惑，耿培新老师很高兴听到来自基层的声音，并高度评价周老师：“在一线教师中，像你这样思考如此深刻的人太少了!”接下来两人的联系是紧密而有深度的，耿培新老师常常通过网络把最新的信息发给周老师，周老师再通过中小学教师国家级培训或省级培训，将这些新理念播撒到四川省各地体育教师的教学中。

如今，已成为成都市体育学科领跑者的周骞老师特别喜欢帮助年轻教师，已先后有17名年轻教师向他拜师，他独有的教学方式在金牛区、成都市乃至更大的范围内被广泛使用，成为辐射和影响年轻教师的重要力量。

故事2

化生为蝶，因了您的护航

“除了国学课，吴黎老师虽然一整天都陪着学生，但极少说话，她就那样静静地做自己的事，学生一天的学习完全进入‘自动化’状态，宁静流淌，高效与轻松生成。惊叹不已的我不知有多少次让‘哇’字脱口而出。想来若是未亲身体验之人，该笑我是不是在写童话故事，但若是亲身见证了，就会知道，这一切没一点儿夸张，反而是写出的没有看到的好。”

2015年6月2日，乐山市翡翠实验学校年轻教师朱林在跟岗吴黎老师的二年级（8）班之后，发出这样的感叹。

“去掉一个最高分，去掉一个最低分，吴黎老师演讲比赛最后得分6.48分。”

2005年5月，金牛区教育系统举办教师演讲比赛，吴黎代表锦西实小参赛，得到片区比赛的最低分，被评委、同行全盘否定。那一天，吴黎的心跌至冰点，锦西实小也悲咽。

十年间，从全盘否定到令人钦羡赞赏，吴黎老师经历的是怎样的阵痛和煎熬呢？《最忆锦西》，是2013年7月，吴黎作为成都市第一位小学语文教师公派到美国交流一年回来后写下的文章，深情的文字中，我们感受到这位年轻人对锦西实小的感念，更看到了这位年轻人成长的一条清晰的名叫“执着”的轨迹——

低谷中的崛起

6.48分，血淋淋的分数映红了我的双眼，让我忘记了哭泣。带着一个难过得丢失了灵魂的躯壳，我，回到了学校。

望着桌上凌乱的物品，真有一种想歇斯底里发泄的念头，头脑里不时地反问着自己：我，真的就那么差吗？我，真的就那么不如别人吗？回想起这段时间，为了我的演讲，感冒了的校长拖着疲惫的身躯一遍又一遍地为我范读；徐军，在端午节之夜还陪着我去设计发型，直到晚上11点才走进家门；林琳、晁薇萍这两个好姐姐放弃了和男朋友约会的时间，放弃了在家享受周末的闲暇，不厌其烦地对我进行着演讲指导。然而，我却失败了。

在落寞和失意之中，我默然地走着，勉强地微笑着，阳光的背后是绵绵的惆怅。而这些，又怎能瞒过善良的同事，怎能瞒过精明的校长。他们真诚地对我微笑着，不仅没有一丝责怪，还愤慨地为我抱着不平，他们用宽广的胸怀温暖着我这只折翼的小鸟，用关切的眼神期待着我再一次飞翔。于是，2005年9月，当第六届青年教师赛课（预赛）紧锣密鼓地进行时，亲爱的同事们又将机会交给了我，交给了曾经失败过的我，交给了他们怜惜并且相信一定能走出沼泽阴影的我。同事们的关爱和支持，让我又怀着一颗感恩的心去生活，让我忐忑不安的心终于不再沉重，我，还怕什么呢？人生，不正是因有了这些经历和波折才更丰富多彩吗？我知道，我有更重要的事情要做。当灿烂的微笑带着预赛一等奖的好成绩再次浮现在我的脸庞时，一位真正的阳光女孩在晴空下再次诞生了：我顺利通过了11月份的片区初赛，在2006年4月的金牛区决赛中，带着《早发白帝城》以独到的教学设计征服了所有听课的老师，班上学生良好的学习习惯更给听课的老师们留下了深刻印象……

研究生，这么近，那么远

2009年，我已工作5年了，眼看自己即将教完一轮学生了，校长的话犹如在耳：“有些老师在教下一轮的时候，依然重复着自己的教法，这样的老师虽然工作了几十年，但是他的真正教龄只有6年。”我不禁想着：对于下一轮学生，我会怎样展开自己的工作呢？

去读书吧！

就这样，我上网搜索着研究生的各种资料，最后把目标锁定为四川大学的汉语国际教育专业，开始着手准备10月底的在职研究生全国联考。功夫不负有心人，我通过了全国联考和四川大学的复试，顺利拿到了录取通知书。清晰地记得，2010年的3月，我手捧着录取通知书，蹲在身患重病的爸爸身边：“爸，你瞧，你培养了一个研究生女儿！”爸爸点头笑了，一周之后，父亲的离去，一定是带着欣慰与骄傲的。

2010年9月，我成为四川大学的一员。报到那天得知，我们是全国招收的最后一批汉语国际教育在职硕士生。赶上了这趟末班车，心里很庆幸。学校安排我们在职生与全日制的学生一起上课，这样的安排意味着我的上课时间与工作时间会有冲突，怎么办呢？别人说，鱼与熊掌不可得兼，但是，当我将我的困难告诉校长后，我二者兼得了。

四川大学的课几乎每天都有，而周一和周五的课最多，权衡之下，我向学校请了一周两个半天的假，得到了周一和周五下午去四川大学上课的机会，其余时间的课程我就抄同学的笔记来学习。

从我工作的地方到四川大学还挺远的，为了抓紧时间学习，我每次都是打车前往，每次上课时间是从下午2点一直到晚上9点。晚饭的时间，我便忙着找同学借其他课程的笔记，誊抄、复印。就这样，一边工作，一边学习，累并快乐着，忙并收获着。

青岛之行

2011年的5月，美国俄亥俄州立大学将在青岛开展一个暑期汉语旗舰项目，面向全国招收助教，老师鼓励我们都去试一试。去不去呢？我犹豫着。一来自己是在职生，自我感觉不如全日制学生水平高；二来这是在全国筛选，我的入选几率渺茫；三来项目开始的日期在小学期末考试的前一天，正是学校工作最忙的时候，我能再给学校添乱吗？然而，这又确是一个难得的好机会，咬咬牙，我还是填写了报名表格……真的很幸运，我被选中了，全国仅13名学生入选。当我兴高采烈地把入选的消息告诉校长，支支吾吾地向她请假时，校长二话没说："去！"每每念及此，我都深深感谢校长对我的支持，感谢她对年轻教师追逐梦想的支持！

在青岛的两个月，我与美国学生成为室友，白天，我是美国一位老师的助教；晚上，我是室友的中文辅导员。中美文化相互碰撞，我学到了很多，收获了很多。若没有这次青岛之行，定不会有之后的美国之约。

美国之约

2011年年底，我得知国家汉语国际推广领导小组办公室正在进行选派志愿者赴美教汉语的项目，没有犹豫，我报了名。省里选拔，通过；去昆明参加国内的初选，通过；初选通过后又到北京参加美方的面试……一层层，一关关，正是对梦想的追求，才让我顶住了压力，才让我有勇气去闯关、去追梦。

2012年7月，我接到了国家汉语国际推广领导小组办公室的电话，收到了录取通知书，那一瞬间，眼泪奔涌而出。乘着梦想的翅膀飞翔，因了锦西实小为我保驾护航！感恩锦西实小，感谢锦西实小！

吴黎老师在11年的教学生涯中，有若干的"第一"相随——

成都市第一位在职对外汉语研究生。

成都市第一位受国家汉语国际推广领导小组办公室派遣到美国交流的小学语文教师。

所带的2004级（1）班两次参加金牛区的调研考试，均获得第一名。

所带班级学生的自主管理和书写水平是学校公认的第一。

……

2011年9月一年级新生入校，无数的第一，成就了年轻人教育生涯的传奇，家长们因孩子能进吴黎老师的班级而深为自豪，学生们因能跟随吴黎老师而感觉幸运又幸福。正是一位又一位年轻教师的快速成长，锦西实小，才一天天成为家长的最爱。

两个故事中的主角——周骞和吴黎只是锦西实小团队的代表，在他们的身边，在他们的周围，比肩而立的是所有优秀的锦西实小人。成长起来的锦西实小，以一种“本质的优秀”傲然于成都市基础教育之林，这样的优秀不是一个人铸就，而是几十位锦西实小人在四千多个日子的执着铸就。执着，是学校快速发展的第一要诀。

2

活出多重角色的精彩

教师市身是什么，教给学生的就是什么！教育是要培养完整的生命，造就完整意义的人！真正的教育必须由完整意义的人去完成，教育人先育！

“男人啊，能活到这份上，值啦！”

朋友们参加了我为丈夫华忠举行的49岁的生日聚会后，由衷地发出了这样的感叹。以至于多年之后，人们对当时的场景还津津乐道地谈起——

49枝鲜红的玫瑰，

49只飘飞的千纸鹤，

49个彩色的气球，

49朵洁白的茉莉……

若干个“49”，烘托出浪漫、温馨！当“49个精彩的生命瞬间”一一呈现在人们眼前时，在《朋友，祝福你》的深情旋律中，49位至亲好友一人持一枝玫瑰，为寿星送上祝福。之后叙事诗朗诵《49岁，生命绽放华章》，将宴会推向高潮，所有到场的嘉宾起身祝福：“祝福大哥生日快乐！祝福大哥永远快乐！”

宴会结束后，人们将宴会上得到的书签永远珍藏，那是在筹划生日宴会时根据寿星童年生活的八个场景制作的，八个版本的书签，书签正面为生日祝福，背面为寿星童年生活中的某一场景和主题词：

农家小院——49年前，大哥的人生从农家小院起步！就在那个窄窄的院落里，大哥享受父母关爱，享受姐妹亲情！

又见炊烟——乡村的傍晚，袅袅的炊烟里灯火次第燃起！炊烟里，是生命对故土永远的眷念，是浓浓的诗意与情意！

栀子含露——大哥的家乡，屋子旁，田埂边，栽种着一株株栀子。清晨，栀子花开，雪白的花瓣上露珠滚滚。栀子含露，少年藏情。

麦浪琴声——春天，错落的田地，青青的麦苗是大哥家乡一道美丽的风景。关于麦苗，儿子和侄儿之间还有一段精彩的论断呢。熟悉的亲朋常常谈起。

稻花乡里——初夏，稻子含苞吐蕊，花香十里！儿时的大哥，常与伙伴们在稻田捉鱼，稻花乡里，飘飞着童年的梦！

竹林幽径——老家的土屋后面，是一片竹林。春天，听笋芽拔节；夏天，跟随父亲砍竹，一根根笔直的竹竿，成了母亲菜园里茄子、黄瓜攀缘的柱。

橘红枝头——老屋的晒坝边，种着一株橘树，今天，橘树依然高大。每年秋天，橘红枝头；每年秋天，对父母的怀念依旧！

茉莉飘香——犍为，是茉莉的故乡！今天墙壁上挂着的一朵朵茉莉，是从清溪捎来。悠悠的花香里，我们祝愿大哥生日快乐，祝愿大哥永远快乐！

每一张书签，都勾起人们对童年、对淳朴的乡村生活的怀念。虽然宴会结束了，但那感动永留心间。

如此浪漫独特的生日宴会，是我在丈夫完全不知晓的情况下悄悄准备的，虽然准备的时间较长，前后差不多一年的时间，但那忙碌工作之余的准备是幸福的，特别是收集丈夫 49 个精彩的生命瞬间，可以说是一个浩大的工程。当模糊逐渐清晰，当设想一天天成为现实，内心是无比的幸福。看着丈夫满含热泪，听着朋友们由衷地感叹，我也觉得“值了”！因为自己身体不太好，常常需要丈夫的照顾；也因为自己一旦投入工作就痴迷，常常会忘却了一切，所以忙碌的人便创造出了“忙碌的人的浪漫”。

其实，这样的浪漫还有很多：丈夫晚归时写下文章“一双拖鞋的温馨”；18 年间给儿子写下近 30 多万字的成长日记；在儿子十八岁的时候送上《祝福成长》画册；儿子赴东京大学留学时悄悄制作“牵挂与祝福”的短片……很多人会说我是个工作狂，其实不然，只有朝夕相处的锦西实小人，才能还原我作为一个教育人完整的生命形态。几十年的经历，让我体悟到：生命中的多重角色其实是可以和谐统一的，真正的教育人是能将生活进行完整处理的人，这也当是“生命为本”教育的根基。

随着锦西实小“生命为本”教育的成长，我欣喜地看到，成长不仅仅是在教育、在教学，更在一位又一位教师的生活中，在锦西实小人的生命里。

故事1

丈夫，原本浪漫

从早上醒来，华的手机就一直握在手中，今天，是自己的生日，也是五天旅行结束回家的日子。她知道，虽然丈夫是名教师，不太浪漫，但一定会给自己送上祝福的，或许是短信，或许是一个亲密的电话，结婚七年了，这已成为一个习惯。原以为今天一早醒来就会收到丈夫的短信，但手机打开，没有！

“学校放假了，他可能睡过头了吧！”

虽然失落，华仍在内心安慰自己。与丈夫波结婚七年了，七年来，这“穷小子”虽没给自己送过什么像样的礼物，但问候是丝毫不吝啬的，每年一个小小的蛋糕，几支蜡烛，也是蛮温馨的。今年，恰遇自己与几个朋友相约出游，第一次在生日当天与他分开，问候当然是免不了的啦！

华时不时看看手机里是不是有信息发来，但遗憾的是，没有！每一次电话铃声响起，看到来电显示，都是失落。一上午的时间很快过去了，华没有收到丈夫的只言片语，原本的淡淡失落渐渐变做委屈，占满心间。

华和波是大学同学，2004年毕业后，一同到成都参加教师公招，学业优异的波进入了锦西实小，同样优秀的华也凭自己的实力，进入了武侯区的一所小学任教。从乡村走出的两位年轻人，租住在城郊一间农民房，一张小木床，一个简易布衣柜，一张小书桌，家就这样安下了。其实，以华的条件，完全可以找个各方面条件更好的人，但华偏偏就钟情于波这个“憨小子”，拒绝了众多的追求者而嫁给了波。几年来，日子虽然过得简单，但朴素中的恬淡也让华十分知足，没有过丝毫的抱怨，看到自己的闺蜜在生日或者结婚纪念日收到各种礼物，自己也从来不曾羡慕。但，日子再简单，一句问候，一声祝福，也不应该成为奢望吧？无数次，朋友们欢天喜地地聊起这几天旅游的见闻，华都没有办法提起精神来。

下午 3：00，大家赶往机场。回程的飞机是 7：20 起飞。期盼太久的华已经没有了想回家的热情，是的，一点儿也没有了。车从市区出发，沿高速路向机场飞驰，越靠近机场，华的委屈就越强烈，要不是还有那么多伙伴同行，泪水是怎么也控制不了的。

车到达机场，波的电话终于打来了，终究是没有忘记啊！接通电话的瞬间，所有的失落，所有的委屈顷刻间荡然无存。

“你们到机场了吗？大概什么时候到？我现在很忙，你起飞的时候发个短信，我来接你。”没说上两句，电话已经挂断了。

“天啊，他真的忘记了！彻彻底底地忘记了！”原来，自己一天的期盼就是一场“单相思”。

进入安检之后，一个多小时的候机等待了无生趣。当广播里响起登机的通知，华拖着行李，随着排队的人群准备登机。要不要通知波，告诉他飞机起飞的时间呢？算了吧，人家都压根儿想不起自己，哪还有必要告诉他呢？华的心情跌落到冰点。

当广播里响起乘务员提醒乘客关闭手机的通知时，华还是忍耐不住，拨通了那个最熟悉的号码，希望起飞前的告知能让他想起什么。

“要起飞了吗？很好，10:30我来接你。我这会儿正忙，挂了啊。”最后的期盼被“嘟——嘟——”的忙音击得粉碎。委屈、失落已经变做愤怒！

你究竟是怎么啦?！难道……

两个多小时，虽说不长，但华的内心委实憋屈得慌。可性格沉静的华见到丈夫并没有发作，不仅因为她良好的家教，更因为华本身是一个极有修养的女子，即便内心波涛汹涌，也能隐忍到外表沉静，客气地应对丈夫波有关旅游的一切问题。一直到踏进家门，华也没有听到波半句关于生日的祝福。

终于到家了，一路奔波的华真的是有些累了，放下东西就躺在了沙发上。

“你先洗漱吧，我想躺一会儿。”泪滴从眼角悄然滚落，为波，为自己内心深深爱着的丈夫彻头彻尾的“遗忘”。

“来，亲爱的，打开看看！”耳边响起了波快乐的声音。

一个紫色的方形盒子，一枝红色的玫瑰！波微笑着，捧着盒子和花儿蹲在华的身边。

“没有遗忘，没有。”华一跃而起。

揭开紫色的包装纸，方形的盒子打开了，原来，是一款苹果手机。这是华念叨了好久的手机，也和波一起去看过好多次，可习惯节俭的她硬是舍不得为自己“大方”一次，总想着旧手机还能凑合着用，虽然，有两个按键已经失灵。

打开手机，“生日蛋糕”缓缓“推出”，蛋糕上烛光摇曳，熟悉的旋律响起。紧跟着，一条短信进入手机——

“亲爱的，生日快乐！谢谢你一路陪伴，愿我们用真心真情，粉碎人们传说中的‘七年之痒’！”——2010年6月28日00:00。

原来，丈夫早就把礼物备下了；原来，为了在第一时间给自己带来祝福，丈夫独自一人编辑好短信守着那个神圣时刻的来临；原来，丈夫为了给自己惊喜，在一直强装着“忘记”!

“为了最后时刻的惊喜，让你受委屈了!”满满的幸福荡漾心间，这小子，原来是天底下最浪漫的丈夫呢!

故事2

活出生命的精彩

城市的灯火次第亮起，噼噼啪啪的鞭炮炸响，该是吃年夜饭的时候了。燕端出了忙碌一天做好的饭菜，懂事的女儿忙着摆放碗筷。还是那熟悉的家常鱼，还是那熟悉的白宰鸡，但是，却怎么也吃不出往日的味道！在心里给自己说了一千遍、一万遍“不许哭，不许在热闹的时刻伤害女儿”，可泪水还是憋不住，在眼眶打转。

“吃吧，这是你喜欢吃的。”夹一块鱼肉放进女儿的碗中，燕再也忍不住，抱着女儿放声恸哭!

三十多年了，第一次在异乡过春节。其实燕很想回家，很想见到亲人，很想见到爸爸妈妈。但是，她不敢回去。她怕回去面对家人，面对熟悉的朋友，怕别人好意的关心会触痛自己敏感、脆弱的神经。

这是14年前的事情了，是在燕与丈夫离婚的时候，那时女儿刚满七岁。现在想起那段日子，燕总是笑，白皙的皮肤，恬静的笑容，一个美丽、朝气的女子。后来，女儿以优异的成绩考入中国传媒大学，且成绩一直保持年级第一，并在2013年春节前作为中国传媒大学学生代表访问韩国。熟悉女儿的朋友都知道，女儿开朗、大方，性格中没有丝毫单亲家庭孩子常有的自私或落落寡合。看着女儿今天的成长，燕很庆幸，庆幸自己在短暂悲切后的振作与漫长日子的坚韧，庆幸命运将女儿送到自己的生命里，庆幸自己能够和女儿相依相携一起“长大”。

那一天的抱头痛哭，也不知过了多久，是女儿先擦干了自己的眼泪，然后边帮妈妈擦边说：“妈妈，别哭了，我们要勇敢、要坚强。”是啊！难道自己还不如七岁的女儿？哭有什么用？哭能改变现状吗？生活是不相信眼泪的，只有乐观与坚强才是战胜艰难困苦最好的法宝。有可爱、懂事的女儿陪伴，自己应当学会面对生活的挑战。

从此，燕用坚韧和顽强笑对一切挫折。

随着时间的流逝，婚姻的失败给燕带来的伤痛渐渐消失，连燕自己也觉得奇怪，内心真的一点儿也不怨恨曾经的丈夫。但是，他给女儿心灵上造成的伤害却难以抹平，女儿总觉得爸爸不再要她、不再爱她，一度很自卑、很内向。几年后，孩子爸爸从西藏回来看孩子，孩子也不愿意见，更不会叫一声爸爸。

“女儿不能原谅她爸爸，说明她心中还有恨！心中装着仇恨的人，自己的内心也是痛苦的。”

作为教师的燕，太明白，太了解了：爱女儿，便要让女儿真正快乐起来，让女儿一生幸福，女儿的心中不能埋下仇恨的种子。之后，燕开始了自己的“爱女”计划。

其实，燕也不知道女儿为什么那么恨自己的父亲。性格温和的她，即便是在那段刚刚离婚的日子里，也从来没有在孩子面前数落过自己的前夫，更没有恶语诋毁和中伤过孩子的父亲。或许，是孩子跟父亲极少相处的原因吧！燕下定决心，要创造机会，让女儿感受来自父亲的爱，来自父亲真切的爱！要让女儿知道：她的父亲是非常爱她的，过去爱，现在爱，以后也爱，父亲的爱不会因婚姻的破裂而改变。

机会总是在你渴望的时候降临。2012年暑假，女儿的父亲打来电话，说非常想念女儿，想见见女儿，希望女儿能够利用暑假去西藏玩。因为工作原因，女儿的爸爸常住西藏。这真是一个绝好的机会！燕想尽办法说服女儿前往西藏。相隔十多年终于拥有与女儿单独相处的机会，父亲万般珍惜，他放下手上的所有工作，陪女儿去了她想去的地方，对女儿的照顾更是无微不至。尘封已久的父爱，重又像涓涓细流在女儿心间流淌。目送着女儿乘坐的班机消失在西藏纯净的蓝天白云中后，女儿的父亲迫不及待地给燕打来电话。

“知道吗？女儿上飞机前拥抱了我，终于又开口叫我爸爸了！谢谢你，谢谢！”欣喜之后是感激，电话那边，啜泣声清晰传来。握着电话的燕笑了，恬静的、醉心的笑。

阴霾驱散之后，连呼吸都充满了爱的味道。西藏归来之后，女儿变了，是细微处的变。

2014年春节过后的一个周末，燕刚起床，就听见敲门声，打开门，是女儿的高中同学——一个漂亮的女孩，手捧一束百合花和生日蛋糕站在门口。看到鲜花和蛋糕，燕才想起今天是自己的生日。紧接着女儿的电话打来了：“亲爱的妈妈，生日快乐！”原来女儿早在几天前就给燕订了鲜花和蛋糕，特意请最好的同学来陪伴妈妈过生日。

幸福的泪水恣意流淌。俗话说得好，女儿是母亲的“小棉袄”。但是，若是“小棉袄”里塞满的是恨，是愁，还会有温暖吗？燕欣慰极了，因为她的“小棉袄”里充盈的，是真挚细腻的爱。

谁说单亲家庭就一定不幸，在一个充满爱和关切的单亲家庭里，母女照样可以生活得幸福、快乐，生命底色依旧明亮。无论什么时候，只要有饱满的爱，就不会有残缺的心！

故事3

兔妹和猪哥的爱情故事

意外惊喜，朋友之间的最高礼遇！

——李其玉

2011年9月12日，是锦西实小的林琳老师与恋人喜结连理的日子。林琳老师是一位善解人意的姑娘，在锦西实小，没少为大伙儿操心。在她大喜的日子里，姐妹们相约，一定要为林琳送上一份惊喜。送什么呢？

“花钱能直接买到的东西，我们坚决不送！”有人提议。

“对！意外惊喜才是朋友间的最高礼遇。”作为大姐的我立刻赞同。

接下来的日子，我们开始动手收集新郎新娘在恋爱中拍摄的照片，再将照片背后的事件串联为一个浪漫而生动的爱情故事。

小县城的春天来了——
迎春花开了，
白玉兰花也开了！
溪边的草丛里，
野花顽皮地眨着眼睛。
可爱的兔妹，
在这明媚的春光里，
忽然间长大了！
她知道了思念，
思念生命中爱的唯一；
她学会了憧憬，

憧憬着生命中的唯一能早早与她邀约！
在思念中，在憧憬里，
兔妹还在长大，在长大，
不断长大的兔妹，
年年春天思念，
年年春天憧憬！

名山脚下，
猪哥也开始了爱的寻觅。
孕育千年的小城文化，
熏陶了猪哥的儒雅、内敛，
积淀为心灵的朴实、真诚！
他在幽静的山间小路行走，
向耳旁拂过的风儿问询——
我的爱人可曾在你的轻吻中欢歌细语？
他在茫茫的河滩徘徊，
向静默的原石问询——
我的爱人可曾在你的怀抱驻足小憩？
他在清清的湖畔停留，
向微微泛起的涟漪问询——
我的爱人可曾在你的澄澈里梳洗美丽？

没有答案，
难寻踪迹！
真爱之路啊，总是曲折！

猪哥苦苦地追寻，
晨光里追寻，
星空下追寻！

春天知道了，
告诉了夏天；
夏天知道了，
告诉了秋天；
秋天知道了，
告诉了冬天；
冬天不说话，
却收藏了所有的思念，
所有的憧憬，
所有的寻觅……
她牵着兔妹的手，
拍拍猪哥的肩，
说——
“相爱吧，你们已等待得太久太久！”

于是，久久窖存的爱呵，
如奔泻的河流，
激越，澎湃；
如盛开的玫瑰，
芳香，潜入心扉！
聪明的兔妹，

用情丝结一个爱的花环，
要猪哥一生相伴！
古老的槐荫树，
聆听了七仙女与牛郎的誓言，
如今又见证兔妹与猪哥的依偎！
他说——
爱吧，人生因相伴而甜蜜！
他说——
爱吧，生命因珍惜而绚烂无比！

婚礼上，十二位闺蜜又为一对新人幸福赠言。

当林琳遇到烦心事时，你要记得逗她笑，并轻轻告诉她："有猪哥在，让烦恼一边去吧！"

——李其玉

林琳选择你温暖的臂弯永久停靠，你一定要给她一生一世的支撑，成为她永远的专利！

——陈颖

当观念出现了不同，意见出现了分歧时，你要记得说："老婆，你永远是对的！"

——刘本梅

当林琳生病时你要给她喂药，林琳打针害怕你要告诉她："老婆，不怕，有哥哥在！"

——王萍

当林姐姐拿围裙的时候，你要说："老婆，让我来！"当林姐姐拿拖把的时候，你要说："老婆，让我来！"当林姐姐给孩子换尿布的时候，你要说："老婆，让我来！"……面对烦琐的家务事永远只有一句话："老婆，让我来！”

——徐军

当你和林姐姐小别时，请记得每天用电话或短信诉说你的相思；当你们重逢时，一定要给姐姐一个温暖有力的拥抱，一个甜蜜热辣的亲吻！

——吴黎

陈姐夫，记住哦！在家做到吃苦在先，享受在后，林姐姐永远是你心中的公主！

——晁薇萍

陈姐夫，要永远记住你和林姐姐的初次见面日、结婚纪念日，以及林姐姐的生日。并且，要送上温馨的小礼物，还要说：“我永远爱你，亲爱的老婆！”

——张萍

全力支持林姐姐和她的闺蜜们至少每周一聚并告诉她：“开心疯玩去吧，我会车马伺候的！”

——董莉

当林妹妹说要减肥时，你要说：“老婆，你一点儿都不胖，刚刚好。”

——谢薇

每天睁开眼的第一件事就是对林姐说：“老婆，我爱你！”永远都要觉得老婆最漂亮！而且要隔三差五用甜言蜜语对老婆进行褒奖。

——庄压

几十年岁月过去，当你们牵手在夕阳下散步时，你依然会悄悄告诉林姐姐：“兔妹，你永远是我心中的宝！”

——赵惠芸

十二个祝福送出后，“幸福天使”手捧十二个祝福做成的项圈缓缓登场，项圈上洒满了红红的玫瑰花瓣。新郎接过项圈庄严宣誓。全场掌声雷动，婚礼在人们感动的热泪中推向高潮！

这一天，是2012年9月12日。这一天，锦西实小人将“何谓朋友”完美诠释！

熟悉锦西实小团队的人，无一例外不为锦西实小人优雅的生命状态感叹，老师们不仅会工作，更会生活。伴随着学校的成长，教师个人不仅在专业上获得进步，家庭生活也幸福无比。这样的美好，源于锦西实小人拥有完整的生命形态。要办好一所学校，关键在教师，而教师是否具有完整的生命形态，则是至关重要的因素。

3

工作是生命最朴素的状态

智慧只在忘却自我时降临，发现与创新是心灵在闲适状态下的顿悟！

2005年6月5日，是一个平常得不能再平常的日子。晚上十点过后，洗漱完毕，我照例躺在床上，开始一天中最休闲、最惬意的睡前阅读。捧在手中的，是一本关于卢梭的书。故事中，一天卢梭外出正好经过一座修道院，几位修女正领着孤儿院的孩子们在空地上玩耍。看到孩子们无精打采的样子，卢梭走上前去，随性设计了一个游戏与孩子们玩起来。刚才还沉闷无聊的孩子，顷刻间变得快乐无比！

阅读着文字，我仿佛来到孩子们中间，欢乐的笑声似乎就在我耳边荡漾。设计带来快乐！一下子，习惯了早睡的我睡意顿消，披衣起床，来到书桌前，“生命快乐五个层次的诠释”瞬间生成……至此，锦西实小“生命为本”办学理念拥有了六个方面、五个层次的立体诠释。这一次不经意的发现，实现了学校办学理念的大跨越，为后来锦西实小办学理念的不断完善、不断丰满奠定了坚实的基础。

工作，应该渗入生命的每一个时刻。时时有思考，处处才能有发现。生命作为一个整体，岂能分清工作和休闲？十几年间，“心中装着工作，以闲适耕耘”，一天天成为团队成员的生命常态，而一个个别具匠心的创意、方案，便从日常生活间、从每一个不经意间向锦西实小人走来……

故事 1

天使孕育——锦西实小十年校庆

序　　幕

[钟声响起，画外音：过新年喽！过新年喽！过新年喽！（渐强）众锦西实小人手挽手、肩并肩，呈三角阵形由后台上，脸上荡漾着灿烂的笑容，挺直的脊梁显示出熠熠的神采和不老的青春。走到舞台中央，钟声停止，众人展现挽手、并肩、凝望、期盼等不同姿态，静止不动。]

（全场暗，一束追光投向舞台一角的年轻教师。）

年轻教师：2000 年 9 月 1 日，是我上班的第一天。那一天，也是锦西实小开校的第一天。十年了，由一名年轻教师一天天成长、成熟，朋友说我身上渐渐有了一种味儿——锦西实小的味儿！是什么让我的生命发生了变化？是什么让我的生命一天天有了芳香？回望三千多个日子，我和你们一同去寻觅……

第 1 课　培育教师的潜在优势——新年寄语

（灯光亮起，众人恢复，顾盼之间，相互传递着消息。）

众人：真是期待呀！真想早些看到！

教师 1：（骄傲地）是啊，从 2003 年起，每到新年钟声敲响的时刻，我们都会收到一份神秘的礼物。

教师 2：说起来，这份礼物不过是张小小的贺卡，却是人人有特色，年年不重样。

教师 3：（走到台前，自豪地）这是我 2004 年收到的卡片，那时，我刚毕业。翻开卡片，我读到了这样的文字："姑娘，你天生就是老师的最佳人选，和孩子们相约是你前生注定。听见了吗？随那新年钟声传来的，还有新一年工作的挑战，准备好了吗？起航！"

教师4：（深情回顾状）"南京的十月，秋天已在每一棵树的枝头停留，浓荫的中山陵、肃穆的雨花台，见证了你——一位普通小学教师对孩子深深的爱。"（回到现实中）这是我2007年11月跟随同伴们去南京听课，在中山陵为孩子们买纪念品的情景。没想到，只是平常的一瞬间，却被关注镌刻为永恒！

教师5："一曲《囚歌》让多少人震撼啊，全新的文本解读、简练的教学语言、沉稳的心理素质，赢得了同行的一致认可。来年的工作，希望更主动、更谦逊、更踏实、更真诚，心中更多地装着他人。世上不缺少聪明的人，而是缺少高尚的智者！"（望向众人）正是因为这样的认同和鼓励，六年里，我成熟了许多！

众人：（自豪，欣喜）小小的贺卡，是我们锦西实小人教育生命成长的最好注脚。

（灯光渐暗，众人相视一笑，退场。追光投向年轻教师。）

年轻教师：（深情回顾状）每一年，怀着激动、期盼，甚至几分猜测打开弥散着墨香的卡片时，总会有一份惊喜，惊喜于那些遗忘在岁月里的生命瞬间，被真挚而深情的文字永远定格在记忆的长河里，感动与感激化作成长的种子播撒进我的心间……

（灯光暗，年轻教师退场，灯光投向大屏幕。）

（大屏幕显示：生命的成长没有终点，也没有最高点。锦西实小，努力让每一位老师在学校工作的经历成为生命不断成长、不断提升的历程。）

第2课　提升职业生命的幸福感——教材解读

（灯光投向大屏幕，众人随《运动员进行曲》，分语、数、外、艺体四列举牌入场，汇集到舞台中央。）

教师 1：（站中间，向左右招手，做摩拳擦掌状）兄弟姐妹们，一年两期的教材解读又开始了。（扬手指向大屏幕）

众人：（高声）锦西实小教材解读！

教师 2：（拖着长长的声调，得意洋洋地）虽说提前两天上班，但用两天的时间就能啃下一学期教学的硬骨头，大伙儿说说，感觉怎样呀？

众人：（竖起大拇指）真值！

教师 2：（洋洋自得，拍着胸脯，踱着方步）上期文锦江畔，语文组发言真强悍。幽默抒情风格异，教材解读夺了冠！

教师 3：（不服气状）语文组人多势众，我们艺体组人少能干。今年冠军花落谁家，咱们研讨着看！

教师 4：（胸有成竹）让他们去斗嘴皮，我们数学组行动第一。数学组，加油干！（大手一挥）

众人：（跃跃欲试）说干就干！

英语组：（紧随其后）Go！Go！Go！

（哑剧开始，背景音乐起。大家分成四个方阵，学科组牌子立于最前。各组百态，依序亮相舞台中央。）

语文组：（一段快板）字词句段篇，分段把好关，基础学力引进门，高效阅读不让贤，不让贤！

（数学组：每人手持三角板跳一段欢快的舞蹈。）

（艺体组：音乐组教师跳舞，美术组教师写生，两位体育教师做篮球操。）

（英语组：一段欢快的英语歌舞表演。）

画外音：下课铃声响起，众人放下笔舒心一笑，聚于台前。

教师 1：（舒心状，六面白板同时竖起）辛苦了两天，看我们语文组，教材重点，了然于胸！

语文组：了然于胸！

教师2：苦思案前，数学组启发思维一马当先。（立起扇形图）

教师3：体验欣赏，互动创作，艺体组本期活动设计独到。（摆造型）

教师4：激活右脑，英语单词速记有妙招！（立“微笑牌”）

教师5：每个学科都各有诀窍，究竟谁能夺得本届教材解读桂冠？

（众人面面相觑，抓耳挠腮。）

教师5：（突然一拍脑门）做好教材解读，促进教师专业化成长！

众人：（释然，兴奋）我们都是锦西实小的NO.1！

（众人哈哈大笑，相携而下。全场暗，换布景，一束追光灯投向年轻教师。）

年轻教师：每期两天的封闭式教材解读，是锦西实小人的必修课。紧张、充实的活动中，智慧的火花在研讨中闪烁，每一位团队成员在否定中成长，从团队的智慧中吸取营养。两天的奋战，换来的是一学期的从容与轻松，锦西实小的教师，更多地从人性的角度定位教材，实现每一门学科的育人价值。

（灯光暗，年轻教师退场，灯光投向大屏幕。）

（大屏幕显示：品味教育人生的幸福，必须建立在专业能力提升的基础之上。看似平凡的每一节课，是教育人品味生命幸福的基点。）

第3课　引领生命的价值取向——走铁轨的诀窍：团结

（灯光转向舞台，教师三三两两携书而上。等人差不多到齐，一教师上。）

教师1：（奇怪，不解）你们还带着笔记本干吗？

众人：（理所当然）开周例会呀。

教师 1：嗨，谁说一开会就是正襟危坐？今天开会到户外，走铁轨去！

众人：（惊讶地俯身向前）走铁轨？

教师 1：（大手一挥）走吧！

（众人绕场一周，树木、小草、铁轨等布景上。）

教师 2：（笑着，拍手）走铁轨？怪好玩的，我来试试！（话毕，迈步向前，伸开双手，如同展翅欲飞的小鸟，左右摇晃）

众人：（握紧拳头，激励地）加油！加油！

（教师 2 摇晃间滑落下来，跌坐地上。）

众人：（惋惜地）哎！

教师 3：（伸伸胳膊弯弯腰，紧随其后踩上铁轨）瞧我的！（摆出漂亮马步）

教师 2：（提醒状）管你什么马步，这又窄又滑的铁轨啊，保证让你走不出两步就“下马”！

教师 3：（摇晃两步滑落）啊?!

众人：（善意地）哈！哈！哈！

教师 3：（不甘心地回过头瞟了一眼铁轨）难道就拿它没办法了？

教师 4：（领悟状，上前一步）我有妙招，大家看！（话毕，拉起教师 5 的手踏上铁轨）

（教师 4 和教师 5 二人两手相牵各踩一条铁轨，身子向自己的外侧倾斜，利用两人的合力渐行渐远。后面的老师击掌相庆，纷纷效仿。）

教师 4、5：（声音远远飘来）别说两步，合我二人之力，二百步都能走下。

（音乐《众人划桨开大船》起。）

众人：（自豪，齐声地）“1，2!”“1，2!”“1，2!”

教师 5：（惊呼）哎，停下！停下！

（众人停下，做迷惑状，转向教师5。）

教师5：人生不就是行进在一条漫长的铁轨上吗？

众人：（恍然大悟）对呀！

教师2：（上前一步）咱们锦西实小，正是有了这可贵的团队精神，才有了今天的发展。

（众人点头释然，灯光暗，一束追光打在舞台一角，年轻教师上前。）

年轻教师：合作，是人们今天工作、生活的基本方式。将个人的力量融入团队，成就个人，更成就事业！锦西实小就是这样，将“团队”的种子在每一个成员心中播下……

（灯光追随，做眺望状，退场。）

（大屏幕显示：真教育是无痕的。只有生命内在的自主和自觉的力量被唤醒，被激发，生命才真正得到了培育，实现了成长！）

第4课　激活团队的教育创新力——“生命叶”里的梦想

（舒缓的音乐起，灯光投向大屏幕。）

画外音：十年，锦西实小人渴望追求淡定、高贵的教育情怀。正是这开始于十年前的憧憬，让锦西实小人在实践中生成了“生命为本”的办学理念，让锦西实小的教育实践有了自己的特质和主张。

每一年秋天，锦西实小人都会相聚“生命叶”下，将去年种下的梦想开启，也把对来年的祈愿种下。小小的千纸鹤啊，承载着我们对生活的憧憬，传递着我们对职业生涯的期望！生命，就在这一天天、一年年的期盼中，更加蓬勃，更加枝繁叶茂！

（舞台右侧，两位锦西实小人推出一片巨大的“生命叶”，所有锦西实小人依序登台，将折叠好的写有一年期盼的千纸鹤投入“生命叶”中，然后定格舞台指定位置。）

（大屏幕显示：人生就是一段追梦的历程，将梦想的种子植入心田，人便不会在每一个平常的日子里迷失，超越、创新，一天天成为生命本质的一部分……）

尾　　声

（追光灯变成两束，一束投向舞台右侧的儿童，一束投向舞台左侧的蛋糕。舞台右侧，一儿童手持话筒清唱《祝你生日快乐》。舞台左侧，校长和两个孩子推着插有十根蜡烛的生日蛋糕入场；后面，全体教师手持蜡烛分组跟上。童声唱完一遍后，全体齐唱《祝你生日快乐》。全体教师站定后，摄影师为锦西实小拍下全家福。“十年校庆”致辞。致辞毕，礼炮鸣，焰火起，彩花飞舞，群鸽翱翔，将晚会推向高潮。焰火中，主持人出场，全体教师退场，晚会结束。）

故事2

名人名言中的百分数——“百分数的认识”教学设计由来

周末，年轻的数学老师赵勤勤带着小侄子去书店买书。刚走进书店，小侄子就指着墙上的挂图对她说：“小姨，我知道这句话是爱迪生说的!”赵勤勤摸了摸小侄子的头并夸奖了他。听到小姨的夸奖，小侄子更高兴了，大声地将发明家的名言读了出来：“天才，就是百分之一的灵感加上百分之九十九的汗水。”

听着稚嫩的声音，赵勤勤恍然大悟：这句耳熟能详的名言里不就有两个百分数吗？下周就要和学生一起学习“百分数的认识”了，用发明家的这句经典名言作为导入，不就是一个绝妙的创意吗？接下来的时间，赵勤勤一边陪着小侄子逛书店，一边不断琢磨“百分数的认识”一课的教学环节。逛完书店回到家，她赶紧跑进书房，打开电脑修改自己早已写好的教学设计。一堂精彩的“百分数的认识”导入和结尾环节就此生成。

导入部分

师：伟大的发明家爱迪生曾说过这样一句话，（课件出示：天才，就是百分之一的灵感加上百分之九十九的汗水）谁愿意来读一读？

生：天才，就是百分之一的灵感加上百分之九十九的汗水！

师：在这句名言中你能找到有关数学的信息吗？

生：找到了两个百分数——百分之一和百分之九十九。

师：你真能干，在这里发现了百分数！生活中也有百分数，谁来说说课前自己在生活中见到的百分数信息。

（生逐一汇报交流。）

结尾部分

师：通过这节课的学习，我们从四个方面认识了百分数，你有怎样的收获？

（生自由发言。）

师：最后我们回到爱迪生的名言中来！（出示：天才，就是百分之一的灵感加上百分之九十九的汗水）

师：谁能用今天所学的百分数知识来说说，这里的百分之一和百分之九十九分别是什么意思？

（生解释百分之一和百分之九十九的意思。）

师：再读这句话，你还会找到一个百分数和一个等式，大家试试看！

（生汇报交流：百分数为100%，等式为100%=1%+99%。）

师：再读这句话，请在等式中三个百分数的下方分别给出一个关键词。

（生给出关键词后齐读：天才、灵感、汗水。）

师：同学们，如果你有百分之一的灵感，成功就取决于你是否投入了与它对等的99倍的努力。

这样的教学设计不仅让学生感受到生活中处处有数学，也让学生感受到众多的生活问题都可以用数学知识来解决，从而体验到数学学习的价值。课的结尾，在学生对百分数有了初步的认识后，再引导学生到名人名言中去获取数学信息，得出了第三个百分数和一个等式，这让学生明白——成功没有捷径。

教育艺术，源于生活！

《天使孕育》是锦西实小十年校庆晚会上的压轴节目，剧本讲述的不是一个故事，而是锦西实小团队十年成长的代表事例。要将团队十年的成长以诗意的方式呈现，真的是一件十分棘手的事情。于是，剧本创作成了那段时间每一个锦西实小人思考的问题。最终剧本出炉，它汇集了团队成员的智慧。剧本的结构、语言和表现方式，有的诞生于老师们做家务的时候，有的诞生于饭后的散步，有的诞生于与家人拉家常时……而从剧本的排练到最终成功出演，则有若干的趣闻轶事流传为锦西实小佳话。

第二个故事的主角赵勤勤老师，2002年大学毕业后进入锦西实小工作，短短几年便成为锦西实小的青年骨干教师。她代表学校参加过若干赛课，许多奇思妙想都来自生活中。工作与生活原本就是骨和肉、鱼和水的关系，不能分开。一次次的“豁然开朗”不仅催生了年轻人的专业成长，也让教师体验到教育人生并非“苦行僧”式的，而是充满诗意的，是时时有顿悟、时时有惊喜的。若一所学校，更多的教师能将工作变作生命最朴素的状态，那学校的快速成长便会成为自然。

4

忍耐是人性修炼的历程

忍耐就是坚持，就是面对挑战的不屈不挠，就是在简陋条件下的主动思考、乐观向上！

在金牛区教育界，甚至成都市教育界，说起敬娥君老师，没有人不知道。她被众人所知是因为两点：第一，作为小学数学特级教师，作为享受国务院特殊津贴的专家，敬老师一直坚持奋斗在一线，甚至在年满五十五岁以后，还坚持带班七年，直到六十三岁才从一线岗位上退下来；第二，作为一名中小学数学教育专家，她名不虚传，对小学数学教材及课堂的驾驭，可以说是到了炉火纯青的地步，几十年带班，每有市、区的调研考试，她所带班级总是拿第一名。但是，谁会想到，这样一位教育者，居然说服自己唯一的女儿，要女儿从金牛区的知名老校转到开办仅仅三年的锦西实小任教！学校当时是怎样的状况呢？

去教育局开会，签到表上常常会忘记打上锦西实小的名字。

学校开办三年，除几百套学生书桌、几十套办公桌椅外，连一间像样的多功能教室都没有；教师午间休息时，需要将报纸粘贴在玻璃窗上遮挡强烈的阳光，因为，全校没有一间教室、一间办公室安装了窗帘。

学校开办三年，教师团队只有唯一一次八人团参加了金牛区的“诗朗诵”，那次获得了二等奖……

这样的锦西实小真的能够为一个优秀的年轻人提供平台吗？

因为太崇敬，当太多的担心、太多的不确定纠结于心时，我试图说服敬娥君老师放弃这样的念头，虽然内心是多么希望有成熟而优秀的老师加入我们，多么希望有更多执着于教育的人与我并肩奋斗，因为锦西实小实在太年轻、太需要人才了。可是，无论我怎样劝说，敬娥君老师都没有丝毫的动摇，每一次的交流几乎都在这样的对话中结束——

“三年来，我见证了你的忍耐力。要是我，那绝对是做不到的！这样有韧性的人带路，学校肯定会越来越好，我看好锦西实小的未来！”

2004年9月，敬老师的女儿——陈颖如母亲所愿调入了锦西实小任教。而后来的锦西实小，也真的如敬老师祝愿的那样，一步一步成为家长信赖的学校，成为学生健康成长的乐园，成为年轻教师施展才华的舞台。

故事1

凄清中的守望——记校园二三事

转眼又到了周末，夜晚的校园安静得吓人。白天活跃在校园里的一个个小生灵都回家了，借住在学校的两位年轻老师——林琳和周骞也都不在学校，整个校园，就剩下我和10岁的儿子。

简单地吃过晚饭之后，我带着儿子来到办公室。不知是年少的原因还是儿子本就酷爱读书，他很快便沉浸在书中。寂寞的校园，每一丝风的拂过，都清晰得让人震颤！已进入深秋，高大的棕榈树，叶子的边沿已经老去，棕榈树下的小草已经泛黄，草地上几盆菊花却依然灿烂，但仍抵挡不住一天天逼近的萧瑟。孤独、失落，如山般袭来，泪水汇成笔尖下一首忧伤的小诗流淌。

孤独地，
奋斗在异乡的土地！
凄清的泪千行，
滴落在铺满鲜花的草地！
秋风乍起，
她收尽了花的落红，
却收不尽我满心的愁绪！

泪眼中，锦西实小的点点滴滴如镜头般在眼前闪现。

镜头一

2000年9月，与特级教师冯先蓉一起听本校一位体育老师的课，30多个学生，整整40分钟的课堂，老师起码有一半的时间在组织教学，在责备学生。刚开始听到那生涩的提醒：“你的脚在动。”“你的手在动。”我还忍不住偷笑，但笑到最后，眼泪出来了：这样的老师，能教好学生吗？

镜头二

2000年12月，为给首批入校的129名一年级学生过一个像样的新年，学校特别策划了新年趣味运动会。但是，当方案变成一项一项的任务传达下去之后，没有一个班主任去组织，没有一个班主任去准备，在老师们的心中，仿佛没有这回事。亲历了三天的“无所事事”之后，召开全校教师大会，老师们迷茫的眼神告诉身为校长的我：我们不是要偷懒，而是真的不知道，不知道运动会之前还要精心准备，还以为到了12月31日当天，一切按照安排执行就好！原来，从四面八方汇聚到锦西实小的这个团队，真的很“新”，新到可以坦然面对一切，以这样一支团队来办好一所学校，如无米之炊的“烹饪”。

镜头三

2001年1月，为了让闲置的教室得到利用，学校准备在春季招收一个学前班，一来可以为学校增加收入，二来也为学校2001年9月的一年级储备生员。于是，学校抢在寒假之前将招生海报贴到各小区的大门口。两天过去了，有家长打来电话咨询，但对海报上告知的事情知之甚少，一问，才知道家长只是在贴出海报的当天早上看到了小区门口的海报，之后就再也不见海报的踪影了。问题出在哪儿了？于是周骞老师骑着自行车绕了一圈，这才知道原来是小区里的各大幼儿园在“作祟”，他们认为锦西实小招收学前班，是在与他们争抢生员，所以他们看到招生海报就撕了下来。难怪家长对信息的知晓支离破碎。为了节省印海报的钱，教师们决定手写海报；为了让信息传递出去，学校选择在夜深人静的时候张贴海报，确保能让小区里第二天早起上班的人看到。由于海报每天都会被人撕掉，所以，学校就每天派人贴。整整一个星期，老师们下午送走学生后就开始写海报，写完海报，深夜 11:00 又骑自行车到各小区张贴。堂堂正正办学，却如同做“贼”一般宣传。

镜头四

2001 年 10 月 25 日，我参加完“国家级骨干教师培训”从北京归来，中午走进教室，看到的是遍地的纸屑。走之前不是这样啊？怎么回事？我找来一个班主任询问，得到的回答竟然是这样：“别着急，校长，我们现在已经改变了打扫教室的时间，中午不打扫，改下午打扫了！”改变了打扫时间就是教室脏的理由？望着班主任一脸的坦然，身为团队的引领者，我觉得很无奈。一间教室、一片区域，只有打扫的片刻才是干净的吗？教室的洁净是靠打扫，还是依赖于学生良好的习惯？如果说小学教育要以培养学生的优良习惯为己任，那培养良好的卫生习惯仅仅就是经由打扫的瞬间吗？什么时候才能将“人生事事皆习惯，人生时时见习惯”的思想植入教师心间，什么时候才能让这样的“坦然作答”在锦西实小消失？

还有家长无休止的吵闹，还有街道办事处的处处刁难，还有……锦西实小，作为一所在 2000 年刚刚推进城市化进程中的新建小学，前行的路实在很艰难，每一步都不易，每一步都充满艰辛。再一次轻轻地吟诵写下的诗后，捧起书，也将思绪融入字里行间。

其实，一年多来，我已经不知道有多少次这样的落泪了！只知道每一次落泪都是在夜深人静时，每一次落泪都是在锦西实小的伙伴们离去之后，只知道每一次落泪之后再见伙伴们，依然是满怀憧憬，满怀期待！

故事2

人生不止如初见——陈颖老师以教育热情验证自身实力

“麟麟，635分，被同济大学录取了!”

消息传来，陈颖老师心中充满了说不出的喜悦，十年前初来锦西实小的点点滴滴又清晰地浮现在她眼前。

2004年9月，她选择调到金牛区新建的学校——锦西实小任教。选择一旦确定，离别就成为生命中不可逃避的事实。人民北路小学，地处成都市北边的这所名校，是她工作了八年的学校。在那儿，有她挚爱的学生；在那儿，她从一个普通的青年教师成长为市优秀青年教师和市学科带头人；在那儿，她以自己一贯的低调与执着，成就了自己教学生涯中若干次调研考试第一名。八年间，洒在这片土地上的汗水与泪水，欢笑与悲伤，憧憬与彷徨，都将随着自己的离去留在城北的喧嚣之中，唯一能带走的，是内心的千般挂念和万般不舍。

在经历了别离的痛苦和折磨之后，迎接陈颖老师的又是什么呢?

大眼睛的“鼻涕虫” 开学典礼上，学生东站在第一排，这是一个胖胖的三年级小男生。他的衣服前襟已经脏得不成样子，鼻子不停地使劲吸气，吸的是什么呢?是浓浓的、稠稠的鼻涕!天啊，三年级男生怎么还会这个样子?陈颖老师悄悄递过去一张洁白的纸巾，学生东瞪着一双大大的眼睛，诧异地盯着她看了半天，才接过去使劲蹭了蹭鼻涕。放眼望过去，队伍里这样的学生不止一个。陈颖老师心中暗暗叫苦。

思维训练有啥用 半学期过去了，陈颖老师对全班的学生有了较为透彻的了解，尤其是在数学思维方面。家长会结束后，她把几个学生的家长留了下来，留下来的原因是因为这些学生的数学思维非常不错。她建议家长为孩子购买相关的书籍，为孩子提供一些课外拓展的机会，希望家长督促孩子能每天坚持做 1～2 道思维训练题。她本以为家长听到这些一定很高兴，一定会积极回应并参与其间出谋划策。但今天，学生家长却安静得出奇，没有任何的回应，就连一个会意的微笑和眼神也没有。最后，傲傲的母亲抬头问道："陈老师，你说那个每天坚持做 1～2 道思维训练题有什么用呢?"操心了半天，得到的就是这样的回应！陈颖老师感到很无奈。

想要见你不容易 整整一个学期，陈颖老师都没有见过学生麟麟的家长，也没有收回过与家长联络的任何信息。而麟麟，实在是一个太乖巧、太惹人怜爱的女孩。白皙红润的皮肤，一双明亮清澈的眼睛，微卷的刘海，乌黑的头发扎成一个马尾，显得俏皮活泼。麟麟的乖巧在于她能将课上的安静聪慧与课下的灵动欢腾完美结合。多少次，陈颖老师希望与其家长沟通，一起畅聊孩子的未来，希望以一个教育人的身份给麟麟的父母一些建议。但是，一学期下来，也没有找到这样的机会。期末的最后一天，陈颖老师留住了麟麟，在完成了学校的工作后，与麟麟一起去了她家，第一次见到了麟麟的父亲、母亲。

……

面对诸多的不适应，陈颖老师一点一点去接纳，去努力改变。之后，她迎来了一位同她一样极具教育情怀和教育智慧的班主任——赵惠芸老师，两人合力，使班级一天天改变，一天天喜人！终于，在 2008 年 6 月，两人所带的班级，向学校、家长、社会交上了一份优异的答卷。

故事 3

从容，来自简陋条件的磨砺——和学生一起制作教具

谢天谢地，终于等到了下课铃声！这是晁薇萍老师的第一节课，教育

生涯的第一节课，如此糟糕，如此漫长，如此饱受煎熬！

这样的结果，是完全出乎晁薇萍老师预料的。晁老师于成都师范学院毕业，不论是专业能力还是课堂教学能力，都是出类拔萃的，在成都师范附属小学实习时，也是备受学生喜欢和指导老师赞赏的。没想到，踏上工作岗位的第一堂课却是如此失败，彻彻底底的失败。

当学生蜂拥而出，教室中只剩下晁老师一人时，她哭了。如果说刚才在学生面前，尚且还能基于面子、基于师道尊严控制眼泪，而此刻面对着空荡荡的教室，压抑的情感便像山洪般爆发了。21岁的姑娘，趴在桌上号啕大哭！

其实，在课的开始，课堂纪律不错，50多名学生，听着老师播放的曲子，随着老师范唱，还蛮顺利的。课堂进行到20分钟左右，情况急转直下，晁老师连续请了两组学生单独试唱，都引起了全班同学的哄堂大笑。本来在全班同学集体唱的时候，只觉得声音像是吼叫出来的，但还没有觉得怪异和不可接受。而一旦一个人或几个人唱的时候，发出的声音特别难听，简直是怪声怪气。连续两次哄笑之后，学生不耐烦起来，教室里传出嘈杂声。晁老师试图用跳舞、拍节奏来吸引学生，但都没有成功。教室里就像捅开了的马蜂窝，“嗡嗡嗡”不停地响，即便是在实习的时候，晁老师也没有这样无助过。

晁老师回想起几个月前她在实习时也遇到过类似的情况，但当她坐在钢琴前，乐曲随着指尖的飞舞流泻而出时，学生便渐渐安静了下来。渐渐入静的课堂给了晁老师极大的鼓舞，于是她充分发挥自己的钢琴弹奏特长，一连变换着调式弹奏了好多首曲子，随着节奏和旋律的变换，学生走进了音乐之中，之后的课也上得行云流水。这次，就在学生吵闹不休时，晁老师也想过用弹奏调控课堂，但是，钢琴在哪儿呢？不要说钢琴，就连电子琴也没有。美其名曰学校有两间音乐教室，但属于音乐教学的器材几乎为零。三天前参加完学校的开学工作布置会，晁老师也像数学教师、语文教师那样，到教导处领取属于音乐教师的教学用具，但得到的回应是，学校刚起步，音乐器材还在等待教育局配置中。最后，晁老师连简单的打击乐器都没有领到一件，只能空着手开始教学生涯的第一课。

半个月前，在经历若干考核之后，晁老师终于获得了进入石笋街小学工作的资格，办完诸多手续后，老校长王华倩找到了她："晁老师，你现在有两个选择，第一，留在石笋街小学做语文老师；第二，去分校做音乐老师。你的想法呢?"

因为晁老师过硬的教学基本功和出色的语言表现力，老校长希望她能留在石笋街小学教语文。当时的石笋街小学在王华倩校长的带领下已经是一所具有知名度的学校。选择留在石笋街小学，便意味着留在了名校，留在了一个优秀而成熟的团队中，对于一个年轻人来说，无疑具有太多的诱惑。若选择去分校呢？虽然可以从事自己喜欢的音乐教学，但学校刚刚开办，没有名气，更谈不上文化积淀。然而，最终对音乐的热爱战胜了一切，晁老师选择了去分校——锦西实小（注：在锦西实小成立之初，是作为石笋街小学的分校的，2003 年 7 月开始为"独立法人单位"）从事音乐教学工作。

没想到，半个月前的主动选择，却让"难堪的第一堂课"浇得透心凉。晁老师再次环视空荡荡的教室，委屈的泪水再度夺眶而出。

难道，明天的课依然是今天这样?

难道，自己就要这样放弃多年的教学梦想?

……

一次次，晁老师追问自己。真的要向半个月前的选择低头吗？绝不！一向要强的姑娘，决心要跟简陋抗争，决心要在教学器材严重匮乏的情况下，走出别样的音乐教学之路。

接下来的日子，晁老师和她的学生开始了教学之外的忙碌——

将矿泉水瓶装上米粒、豆子等，做成沙锤。

可乐罐子加小木棒，便是木鱼。

两块小石头，便是碰铃。

……

一周以后，原本空荡荡的教室顺着墙根摆上了六个音乐器材纸箱，纸箱里有奶粉桶、筷子、勺子、碟子、装了半瓶米的玻璃瓶……

墙壁贴上了学生的照片，贴上了用彩纸拼叠的各类乐器，还贴上了热爱音乐的小动物：拉提琴的小鸭，吹喇叭的小猪，弹钢琴的小狗……

还有五颜六色的丝巾、大大小小的布娃娃，这是学生课堂表演的道具。

仍然没有钢琴，仍然没有多媒体设备，但，那之后的音乐课却生动、从容起来。晁老师的音乐课，在锦西实小，渐渐成了锦西学子的最爱！

陈颖老师接手2002级时，恰逢学校在第二年办学中因为我参加国家级骨干教师培训而受挫，好多家长因不相信锦西实小，而选择让孩子到更远的学校就读。当年锦西实小预计招收4个班，结果只招收了90多个学生，勉强才凑成3个班。但是，在2007年全区进行的五年级数学调研考试中，陈颖老师所带的班级数学以28个100分、班平均97分的成绩荣获全区第一名。而在小学毕业之后的六年间，该班学生扎实的数学功底和灵活缜密的数学思维，更为他们在初中及高中的学习奠定了扎实的基础。晁薇萍老师是学校建校第三年来到锦西实小的。面对当时学校简陋的办学条件，她没有退缩，而是迎难而上，与家长和学生一起制作了许多乐器，让锦西实小的音乐课趣味盎然且别具特色。2007年，晁老师以《铁匠波尔卡》一课，获得了全省青年教师赛课一等奖，全国二等奖。简陋中的坚持和隐忍，成为年轻人进行教育创造的不竭动力。

2005 年年末，锦西实小以高分顺利通过了成都市现代教育技术示范校和实验教学示范校的验收，结束了锦西实小持续近六年的“简陋”，但是，回头看看走过的路，回头想想经历的事，却无不欣慰与骄傲。人们常说“置之死地而后生”，其实对于一个团队的成长同样如此。锦西实小建校之初的简陋，成为教师团队主动思考、积极探索的催化剂。而这样的团队特质，是任何一所学校成长都必须拥有的。

5 有一种付出叫『忘却』

忘却就是全力以赴，就是通过努力，将个体生命当下的潜能完全激发，并在专注中将潜能和潜质发挥到极致。

锦西实小于2000年9月1日建校，成都市著名特级教师冯先蓉见证了学校从开办之初的孤单、冷清到崛起的整个历程。这是一位擅长讲锦西实小故事的老人，也是一位爱锦西实小如同爱自己孩子般的慈祥老人，所有锦西实小人都亲切地称她为“冯妈妈”！我每次与老人交流，她总会情绪激动地数落：“说真的，如果是我的亲生女儿的话，我要打人了！没有看到过像你这般不要命的！”

我知道，这数落的背后是老人对我深深的怜惜与爱护，是她在看到了我若干“不要命”的事件之后的担心与担忧——

事件 1

2005年11月15日，我要到北京出差，而这一天，正好是语文老师林琳参加金牛区语文赛课的日子。林老师选定的课题是《一夜的工作》，虽然教案已经修改了多次，试讲也不知经历了多少次，但我仍然放心不下。11月14日下午放学后，我匆匆吃过晚饭，便约林老师返回办公室，再次将重点品读的三处文字进行研读——

① 那是一间高大的宫殿式的房子，室内陈设极其简单，一张不大的写字台，两把小转椅，一盏台灯，如此而已。

② 他一句一句地审阅，看完一句就用笔在那一句后面画上一个小圆圈。他不是浏览一遍就算了，而是一边看一边思索，有时停笔想一想，有时问我一两句。

③ 总理见了我，指着写字台上一尺来高的一叠文件，说：“我今晚要批这些文件。你们送来的稿子，我放在最后。你到隔壁值班室去睡一觉，

到时候叫你。”

品读第一段话，可以体会到周总理的简朴，这一点聚焦在这一段文字中，很明了。但是，从后两段话中去体会周总理的“劳苦”，就比较复杂了。第二段文字描绘的情景是周总理仔细批阅文件的一个画面，从这个画面中，我们只能引导学生去体会周总理的认真和仔细。要真正理解“劳苦”，必须结合第三段文字中“一尺来高”所传递的信息。“一尺来高”那是多少份文件啊！在教材中，并没有明确的文字描写，但“我”看到的只是周总理认真、仔细批阅文件的一个画面，而“我”没看到的是整整一个晚上，总理都是这样度过的。所以，教师要结合“一尺来高”，引导学生读出文字背后的若干画面——从天黑到天明，总理都是这样认真、仔细地在工作。但是，如果仅仅是一个晚上这样工作，也只能理解为“辛苦”，要上升到“劳苦”的层面，还必须引入对周总理无数个夜晚工作的关注，引入对周总理几十年如一日直至生命最后时刻还在工作的关注。

年轻的教师要深入理解这几个层次并将其在课堂中驾驭自如，实在很难。一遍又一遍地指导，一遍又一遍地示范，不知不觉中，时针已指向午夜十二点。

事件 2

成都市第三人民医院的病床上，我打着吊针为徒弟吴黎说课。区级赛课，吴黎捧回了一等奖。

事件 3

体育办公室，我为李雪一句句指导、示范教学语言。一个月后，李雪获得成都市青年教师赛课一等奖。

事件 4

2011 年 3 月，因心脏不适，只得由体育教师魏朗将我背上五楼去听陈明华老师的第二十次试讲。一周后，陈明华老师带着《鸟鸣涧》现身北京，与会专家和老师们惊叹这一课上得“相当精彩”。

……

冯先蓉妈妈陪伴锦西实小几年，就数落了几年。我深深地理解这种感情：不是不知道爱惜自己的身体，也不是不知道劳累，但在经历过程中，你真的会忘记，忘记时间，忘记疲惫，只知道前方有什么在等着你、在邀约你……于是，在每一次数落之后又会迎来新的数落。就在老人一遍又一遍的数落中，这样“忘却”的身影渐渐在锦西实小校园中多了起来。就在这样的画面中，锦西实小人渐渐成长、成熟了。

故事1

午间，办公桌上的小睡为何甜蜜——为班级事务忙碌通宵

这是德育主任林琳告诉我的故事，故事的主人公叫林莉，她是一位心思细密的姑娘。2006年9月，因（3）班的语文老师潘波被提拔为办公室主任，美术专业的林莉老师便担任了（3）班的班主任。这对于家长来说，实在是反差太大。语文老师，每周担任十多节课，对学生的成长完全能做到全员、全程的关注。而美术老师呢？一周在班中只有两节课，对学生怎么进行关注？再加上两年来，学生已深深地爱上了宛若大哥哥的潘老师，家长们也喜欢上了大气而有活力的潘老师。在这样的情况下，林莉老师要承受的压力可想而知。无数次加班，无数次家访，在经历了接班之初家长的质疑之后，林莉老师终于一天天被家长接纳、认可。

2007年3月，新学期开学的第二周。午饭之后，是学生到操场漫步的时间，学生陆续从教室走向操场。德育主任林琳因要与一位老师商量事情，便来到三年级办公室。推开办公室的门，性格爽朗的林琳主任照例大声地和老师们打招呼：“嗨——”没有往常一样的回应，年级组长甘老师慌忙站

立起来：“嘘——小点儿声！”顺着甘老师手指的方向，林琳主任看到林莉老师趴在办公桌上睡得正香。怎么睡得如此香甜呢？一句话，引出了“甜蜜午睡”背后的故事。

每学期开学第二周周五，是锦西实小班级文化建设评比的日子。追求完美的林莉老师，在还没有开学时就开始了忙碌。直到昨天，林莉老师决定，赶在周三之前将班级文化建设全面完成，于是在晚饭后，和妈妈一起回到教室，为本期班级文化建设做最后的努力。按照林莉老师的估计，晚上十一点以前应该可以完成，因为，剩下的工作已经不多了。

母女二人迅速投入最后的工作中。花边需要怎么修剪，花朵需要怎样折叠，林莉一一地告诉母亲。灯光下，母女俩配合默契。年轻的锦西实小，不知从何时开始，也不知道是谁带的头，不管是平常日子，还是有大型活动，锦西实小的家人们都会如约加入到锦西实小的工作中来。依稀记得的是在建校的第二年，也就是2001年，新加入锦西实小的董永勤老师就是和自己的男朋友共同完成班级文化建设的创意的。而今，在锦西实小即将迎来7岁生日的夜晚，校园的花草又在一片寂然中见证了林莉母女的忙碌。

时间无声无息地流逝，十一点不知不觉过去了，妈妈催女儿回家明天再做。可看看剩下的活儿，似乎再有半个小时就能完成了，于是，母女二人又打消了回家的念头，继续工作。半个小时对于已经忙碌了整整四个小时的母女来说算什么呢？只一眨眼的工夫就溜过去了！当她们意识到时间已经很晚的时候，已经凌晨四点了！看看教室四周的墙壁，连她们自己也说不清这八九个小时是怎样过去的。望着一朵朵“盛开”的花，望着那些在读书阁之间穿越的“藤蔓”，已在灯下工作了整整一夜的她们，此刻却完全没了睡意，一夜的辛劳换来的是甜蜜和幸福！

在将最后一张卡片贴上之后，时钟已指向了凌晨五点！还有必要回去吗？没有必要了，来回路途的奔波就要耗掉半个小时以上，于是，母女俩就在教室里休息了。没有被褥，更没有宽敞舒适的床，母女俩趴在桌上，很快进入了梦乡，带着满心的喜悦，更带着满身的疲惫。不知那夜锦西实小的花草可曾怜惜，怜惜一个刚参加工作两年的年轻姑娘，怜惜那位陪着女儿忙碌了整整一个晚上的优雅而沉静的中年妇女？

早上七点半，老师和学生陆续来到学校，静谧的校园在师生清晨的欢笑声中醒来，林莉和妈妈也在这样的欢笑声中醒来。妈妈回去了，而林莉，却又开始了新一天的忙碌！

在强撑了一个上午之后，给班上的学生把午餐分完，原本体质就不太好的林莉终于撑不住了，或许就是几分钟的时间，只是想在桌上趴会儿的她就沉沉地睡了。同事们不忍惊醒她，悄悄给她盖上了一床薄薄的毯子，往日午间办公室的欢笑，此刻都化作了寂静！

林琳主任心中感到说不出的震撼。只知道学校的班级文化建设完成的质量越来越高，只知道林莉老师2006年的班级文化建设就以独特的创意和充满灵性的布置获得了全校第一名，却不知道，在第一名的背后，还有如此生动的故事，还有如此慷慨地付出！

轻轻掩上门，林琳主任和三年级的老师们走出办公室，将林莉，连同她午间的梦，留在了办公室。而窗外，正传来学生的欢笑声……

故事2

婚房设在办公室——为了《为生命而歌》的顺利出版

《为生命而歌》是锦西实小在2006年出版的关于锦西实小、关于锦西实小教育、关于锦西实小教育人的第一本书。当时，为了能尽早出版，学校组建了由李琳、尹晗、杨怡、陈馨宇、潘波、陈明华、林琳等老师参加的“为生命而歌”出书小组。

6月3日下午，在大家的共同努力下，书稿在完成了所有的插画之后，正式交给了西南交通大学出版社。大家当晚聚在一起，兴高采烈地庆祝了一番，所有人都认为，把稿子交给了出版社就大功告成了。然而，根本不是那么一回事，原来出书不简单。

几天后的下午，西南交通大学出版社约老师过去面谈，他们完成了初审之后，要锦西实小的老师对稿子进行转曲。转曲之后，每一页文字便改为一张图片，即便有一个字调整，都会涉及之后的每一行，每一页，因此，一旦某处调整，便意味着一个单元的文档都要进行调整。在转曲时，很容易出现掉字、跳行的现象，校对组老师将转曲的书稿进行校对时，自然会不断发现新的问题。因此，一页一页的校对和调整成了一项巨大的工作。校对一次，转曲调整一次；再校对一次，又转曲调整一次，前后反复三次，所有的转曲工作都落到了杨怡、李琳、尹晗和陈馨宇四位老师的肩上。6月9日，是出版社要求交稿的最后期限。在最后一次校对之后，校对组的老师在6月8日下午三点将书交到了负责转曲的老师手中，需要他们在下班之前能将所有书稿最后转曲然后交到西南交通大学出版社。四位负责转曲的老师迅速分工，先一个人负责一个板块，完成之后再交由李琳统稿。

从下午三点开始，四个人便坐在了电脑前，校对后的稿子一页一页变成了图片，这一次大家格外细心，因为，校对后的稿子会直接交付印刷厂印刷，不会再有机会校对、调整。他们下定决心要在下午七点以前完成，因此，连晚饭也顾不得吃。但是，工作的进展并不如想象中那样顺利，晚上八点，书稿完成的还不到三分之二。陪伴在身旁的陈明华、潘波为大家买来了便餐，简单地应付之后，大家又继续埋头苦干了。时间在键盘的敲击声中一点点逝去，转眼就到了晚上十二点，四个人终于完成了自己负责的板块。午夜的都市，不仅校园安静，就连街道也渐渐沉睡了，路灯将车辆的影子拉得很长。考虑到杨怡、陈馨宇两位姑娘的家都离得太远，于是，由尹晗将两位姑娘一一送回家，余下的统稿工作交由李琳一人继续完成。所有的人都以为工作真的就只剩下那么一点了，于是在李琳的反复劝说下，便陆续离校回家了。

当校园只剩下一盏灯，灯下只剩一个人的时候，夜幕中小小的锦西实小突然让人感觉大而空旷，楼下花园里蟋蟀的弹奏清晰地传来。《为生命而歌》一共有四个板块：家园寻觅篇、心灵交融篇、希望萌芽篇、心手相连篇，统稿的任务就是将四个篇章按序组合，使之成为一本完整的书稿。但是，接下来的工作哪里仅仅是将四个板块简单组合呢？就在这看似简单的组合中，一个又一个问题被李琳老师发现、解决，漫漫长夜就这样过去了。

第二天早上七点多，我刚进办公室，副校长周骞已先于我之前来到了学校：“校长，昨晚李琳老师在学校加了整整一夜的班，现在还在做书稿的扫尾工作！”

当周骞告诉我这一切的时候，我真的不敢相信自己的耳朵。我和周骞老师赶到三楼会议室，鼠标的敲击声清晰传来：真的没有回家，真的忙碌了一个晚上！憨厚的小伙子抬起头来，笑了。“就一点点了，这次书稿交出去，准没错误了！”抬头说话间，我们看到的，是小伙子眼中的血丝！

在后来的交流中，我们才知道，那一天，是李琳和相爱多年的女友领结婚证的日子，算起来，那天是小伙子和姑娘大喜的日子。而为了书稿的完成，锦西实小三楼的会议室却成为他的“单人婚房”！

故事3

偶然间抬头，你们也在灯火阑珊处
——深夜的校园锦西实小人依然在守候

2008年11月，再过两天就是成都市青年教师体育课赛课活动了，虽然李雪老师的课已经锤炼了多次，但习惯了"磨课"的锦西实小人仍然停不下脚步，不到参赛者走进课堂，不到最后上课时刻，团队的老师们便会一直琢磨下去，仿佛不将自己的灵性发挥到当下水平的极致便誓不罢休。

已经是晚上九点多，初冬时节，薄薄的雾已升腾在校园，凉意在每一棵树的身边停留。校园的两个天井都是静悄悄的，四楼办公室的灯光依旧明亮如昼。灯下，分管体育教学的周骞正和体育组的老师们一起为李雪的说课做最后的研讨。

这是一堂六年级的体育课，教学内容是"蹲踞式跳远"，它包含了助跑、踏跳、腾空、落地等动作。助跑、踏跳、落地这三个动作都比较容易，教学的难点集中在腾空部分。要想让学生跳得远，就一定要让学生"腾"起来，也就是让学生起跳之后，身体在空中尽可能长时间地停留。怎样让学生起跳之后对腾空动作有真切感受，是摆在教者面前的难题。让学生反复练习，几次试讲尝试之后，都不理想；教师示范，也只是停留在口头上，没办法变成学生真切的体验。瓶颈如何突破？灯下，体育组五位老师绞尽了脑汁，曙光在若干的方案生成又推翻之后降临。最后决定，这部分教学在原有环节设计上增加两个环节："跨过小河"（注："小河"为放置在起跳板之后的几块塑料方垫）的动作完成之后，增加"跨上跳箱"的教学环节。

"跨上跳箱"的教学环节由两部分组成，一是现实的跳箱，一是心中的跳箱。首先由教师示范跨上跳箱的动作，然后学生模仿。要跨上跳箱，无论是助跑还是起跳，在力度上都要超过之前的"跨过小河"，学生在完成动作的时候，会在一定程度上体验到腾空的感觉。设计最巧妙的在于第二步：跨过心中的跳箱。教师将跳箱撤走，但是在心里跳箱依然存在，起跳之后，强调高度要努力超过心中跳箱的高度，这一次的动作完成之后，学生将完全体验腾空的感觉。夜晚灯下的研讨在掌声中画上句号。

问题解决了，全组教师如释重负，约着要去吃消夜，因为体育组除了李雪外，是清一色的小伙子。提议得到大家的一致通过，一拨人热热闹闹地走下教学楼。

很快，几位老师发现不对劲。办公室的灯关掉之后，按理说，校园应该是一片漆黑才对啊，怎么还有灯光将办公楼的天井照亮呢？一定还有谁在办公室里！追寻着灯光，几位老师来到二楼第三间办公室门口。透过虚掩的门发现，原来是副校长陈颖、数学组组长董莉、年轻的数学教师赵勤勤，三人正围坐在一起讨论着什么，讨论热烈而专注，丝毫没有发现门外已聚集了人。好恶作剧的魏朗学了几声猫叫，而音乐才子周骞也在门上开始了轻微的弹奏，三人方才发现门外的伙伴们。笑声在那一刻绽放。笑过之后，两拨人在“我们还有一会儿”的话语中告别了。

夜晚十一点的校园，依然有锦西实小人在守候！用情，用爱，用执着！

附

“蹲踞式跳远——跨上跳箱”教学实录

师：孩子们，刚才我们跨过了“小河”，体验到腾空了吗？

生：（摇头）没有！

生：有一点点。

师：小河中的大石头提高了我们起跳的高度，但要体验腾空，还远远不够。接下来，咱们进入第二关——跨上跳箱！

（师生合作，将“小河”撤走，换上跳箱。）

师：认真看，观察老师的动作，看完之后，看谁做得更好。

（生观察。）

（教师示范动作：3～5步助跑后，单脚跨上跳箱，向前起跳，摆动腿，大腿部分继续向上摆动，抬头挺胸，踏跳腿自然放松于体后，尽力提升弹跳高度，最后双脚合并，稳稳落于地上。）

师：谁来说说老师刚才的动作与“跨过小河”有什么不同？

生：感觉踏跳腿更加有力，高度也增加了不少。

（请学生体验“跨上跳箱”的感觉。）

师：与刚才的“跨过小河”有什么不同？

生：“跨上跳箱”是高高地跨上去。

师：对。单脚跨上跳箱，踏跳有力，摆动腿尽量提升高度，头尽力往上抬，踏跳腿自然放松于体后，最后双脚合并，稳稳落于地上！

（学生分组练习“跨上跳箱”，待学生练习熟练后，将跳箱挪开。）

师：如果挪开跳箱，我们还能腾起这么高吗？心中装着跳箱，谁来试试？

（学生尝试完成了动作，学生自发鼓掌。）

师：太棒啦！把跳箱装在心中，咱们真的腾起来了。这就是蹲踞式跳远的“腾空”步！

（学生分组练习腾空。）

师：（分小组巡回指导后，小结）有了跳箱的帮助，我们都腾起来了，为自己欢呼吧，成功闯入第三关！

在第二天的赛课活动中，李雪老师的课以绝对优势获得第一名。在课进行的过程中，听课教师数次鼓掌欢呼，尤其是在“跨过心中的跳箱”环节，掌声更是经久不息。李雪老师，享受了团队力量带来的若干次成功体验之后，在后来的几年中均获得了不错的成绩。2011年9月，林莉老师因病住院一年，休假后没能继续当班主任，而在她做班主任的五年时间里，每一次的班级文化建设评比，她们班都是第一名！美丽的姑娘，以自己的专业成就了自己在班主任岗位上的传奇！“婚房设在办公室”中的李琳，是学校的信息技术教师，因为不是师范专业毕业，所以，前台的课上很难看

到他的影子。但是，2006年6月的首届毕业典礼、2008年的示范校受检、2010年的十年校庆，每一次活动、每一位教师参赛的录像制作……都有他的付出。一张张照片、一张张光碟、一段段音频和视频资料……都在深情述说着他的贡献！

一所学校的成功，需要“前台人”的精彩，也需要“后台上”的努力和付出。生命唯有在“忘却”的状态下，才能将生命的潜质和潜能最大限度地发挥出来。试想，当团队中更多的人都能拥有这样的“忘却”时，奇迹能不发生吗？

6 像狮子一样强悍

强悍，就是不畏权势，在蛮不讲理面前据理力争，以教育人的坚忍顽强，维护教育的尊严，维护教育人的尊严！

“不要去惹她！她外表看起来柔弱，内心却比男人还刚强！”

这是锦西实小街道办事处主任给我的评价。这是对锦西实小的一位学生家长说的，当时，该家长的孩子就读于锦西实小学前班。该家长与学校发生了矛盾，事情发生后，家长按照自己遇事惯常的思路——寻找关系解决问题，想动用自己庞大而厚实的“关系”压制学校，于是找到了街道办事处主任。

事情发生在2004年11月，事件的经过我在当天的工作手记中做了完整记录。

书包的风波

我从来都不曾这么委屈。

2004年11月16日中午，在教育局大门前碰见李沛局长的时候，还未开口，我已经泪如泉涌，本不想让领导为自己的事情担忧，但……

2004年11月15日下午五点半左右，我和周骞主任、五年级（1）班班主任刘阳梅在办公室，接到孙苏老师的报告，说一名家长和门卫发生了争执。我立刻叫周骞主任去看看。一会儿，一位学前班孩子的爷爷情绪激动地向办公室走来，一边走一边骂，孩子的奶奶在不住地劝他。我们请老人家先坐下，并再三请他把说话音量放低点，有什么事慢慢说。经过了解我们才知道，原来孩子的书包丢了。这就是事情的起因。于是，我们赶紧向孩子的爷爷解释，可他情绪很激动，无论我们怎样解释都不听。不知是由于激动，还是因为口音的原因，他一直没法理解我们的意思，仍然大声叫骂。于是，我说：“既然听不懂，那明天就请孩子的爸爸或者妈妈来接孩子，我们解释给他们听吧。”哪知他听了这句话，更是暴跳如雷，冲出了办公室。

在老师们跟出去劝解的时候，我走到孩子身边，轻声问他事情的经过，并告诉他不要害怕。大约十分钟后，孩子的爷爷回来了，情绪恢复了平静。而此时，孩子的书包也由刘主任在教室的柜子上找到了。我们心平气和地交流了对此事的看法，老人说，将来遇到事情会冷静。在和谐的笑声中，我们将祖孙三人送走了。

谁想，刚走没多久，孩子的妈妈和奶奶又来到了办公室，孩子的妈妈很生气地问：“为什么不让爷爷奶奶来接孩子？我们哪有时间？”我说：“请您把事情弄清楚，我们刚才已经把事情解决了！”正在这时，一个男子冲进办公室，用手指着周主任吼道：“你给我说，是怎么回事？说！是怎么回事？”气焰嚣张至极。我劝他坐下慢慢说，哪知他立刻将矛头对准我：“你闭嘴！”

“这是学校，不是你要威风的地方，你要弄清楚！”我也不客气，直接用严厉的语言制止他。而在我说话的同时，学校的两位体育老师也站到了我和男子的中间。

就在对视的瞬间，我一下子明白了：男子是来找茬儿的。

在刚开学时，他的孩子迟到了，当时是周一，全校师生已在操场举行升旗仪式，他硬要和孩子一起进校，保安严格执行学校规定，要求该家长让孩子自己进校。他便火冒三丈，扬言不会善罢甘休。升旗仪式结束后，我在办公室接待了他，告诉他这是学校的规定，也是上级教育主管部门的相关文件精神。听了我的解释，他并没有半点理解，反而说自己是什么省教育厅的处长，蛮横地教训我们，说我们学校的管理一片混乱，要向市教育委员会反映，等等。自始至终，骄横跋扈。在不得已的情况下，我只得直接告诉他：“你不像省教育厅的，省教育厅的领导不会是你这样的素质，要到哪儿反映随你的便！”该男子恼羞成怒，气冲冲地走了。而对我的积怨，也就在那一刻种下了。

明白了他的真正目的后，为了能让他冷静些，我尽量不说话，而让其他老师劝他。但，这完全是一个丧失了理智的人，无论哪位老师劝他，他都会向其挑衅！事态有点无法控制了，我只好拨通了110报警电话和派出所的值班电话。见我拨打110，他更加嚣张：“你们找谁我都不怕！你们去打听打听，在成都市我还有翻了船的?”

“但是我告诉你，今天，就在锦西实小，你肯定要‘翻船’!”我平静地望着他，一字一顿说出了上面的话。

不一会儿，两位110民警和两位派出所的民警相继赶来，但他根本不把民警放在眼里，当着民警的面，想骂就骂，甚至还让民警出去，还说让他们把警局的队长找来。

几位民警向我们了解了事情的经过，特别是知道孩子的书包早已找到，事情已得到圆满解决后，便劝他离开。他却一边走，一边叫嚣，扬言要找人来收拾周主任。从校长办公室一直叫骂到校门口，之后扬长而去。

留下我们，全都愕然！教育者的人身安全、人格尊严，谁来维护？可更让我们想不明白的是，后来他居然打着“省人大代表”的旗号恶人先告状地找到了教育局。让我们深感欣慰的是，局领导在整件事情的处理过程中，始终以事实说话，维护了学校的尊严，捍卫了教育的神圣。该家长在找了若干部门之后，尤其是在与街道办事处主任交流之后，终于打来电话道歉，请求原谅，事情最后得到了圆满的解决。

半年后，该家长仍然坚持让孩子在锦西实小读一年级，没想到，经过书包的风波后，家长却增添了对锦西实小的信任。在后来的六年间，该家长与学校相处得很好，他的孩子也顺利毕业，考入了满意的中学。

其实，每每有事件发生，锦西实小人事后都会反思，“强悍”的背后，是锦西实小人在向着“真理”迈进。“书包的风波”发生后，学校做出了两个方面的反思。

反思一：办学质量决定学校生存。在事情发生之后，该家长多方打听，经各种渠道得到的信息，都是对学校的极好评价。如果学校的管理真的如家长所说“一片混乱”的话，想来事情最后也不会得到圆满解决，家长也不会对学校的办学由怀疑、指责转向心服口服。这让我们意识到，要获得认同，唯有用质量说话。

反思二：学校在办学过程中，肯定会遇到诸多不被理解。作为教育人，在强权面前，不要畏惧，不要退缩，该强悍的时候一定要强悍，否则，教育尊严何在？教育人的尊严何在？

锦西实小的教育者们，正是因为有了不畏惧、不退缩的精神，如“书包的风波”中的“强悍”才可以在任何一位老师身上演绎……

故事1

家长，请做好榜样——门卫室的风波

望望墙上的时钟，已经快一点了，学生已经午休，热闹的校园安静了。

“我今天就是要进来，你给我让开!”突然，狮子般的怒吼从校门外传来。正在值班的林琳主任立刻冲出办公室，奔向学校门口。

与门卫发生冲突的是学校一名学生的爷爷，这是一位容易冲动的老人。此刻，老人满脸通红，正指着门卫不停地叫骂。门卫已完全没有了说话的机会。

“大爷，有什么话好好说。这是中午，孩子们正在休息，您不要这么冲动好不好?”林主任走过去，一边说一边拉住大爷的手。

“好！好！你来得正好！我说让我的孙子进校，他硬是不让，还说有啥规定。哪有这种规定？哪有那么多规定？”老人大吼道，嘴里还不时蹦出几个脏字。

“您都这么大年龄了，怎么这样子说话呢？”面对林主任的出现，老人仍然口出秽语，见此情景，林主任的嗓门也提高了，老人这才收敛了些，跟在林主任身后来到了办公室。

请老人坐下后，林主任请他谈谈事情的经过。原来，今天是他的生日，亲戚朋友祝贺后，要留下来打麻将，孙子便没人带了。于是，他就想提前把孩子送到学校。当门卫告知还没到下午开校门的时间，孩子不能进校时，喝了酒的他便火冒三丈，硬要让孩子进校，于是便有了开头的一幕。

了解了事情的经过后，林主任告诉老人：“学校上学、放学时间都有严格规定，门卫只是坚守岗位，履行自己的职责，希望您可以理解。”

“我知道，他这样做是对的，但我今天不是特殊情况吗！”老人已不再像之前那么冲动了。

“对于您来说是特殊情况，但对于门卫来说就不是特殊情况的问题了。他的职责是看守好大门，现在老师还没有上班，孩子进来后，由谁管？如果以后所有家长都像您一样，不按规定把孩子送到校，学校的秩序要怎么维持？孩子的安全怎能得到保障？”

“这个……”老人认识到了自己的错误。

“是的，我今天确实有点冲动。”老人彻底认识到了自己的问题。

“再有，当着孙子的面，就这样大吼大叫，他会学到什么呢？吼？闹？说脏话、粗话？”

老人的头低了下去，轻轻地叹了口气。

在向门卫道歉之后，老人回去了。

故事2

在该强大的时候强大——缘于学生之间的口角之争

“老师，小玉的爸爸冲进教室打小欣，太吓人了。”樊老师刚走到教室门口，班上的学生就不停地向她诉说着刚发生的一幕。听到这个消息，樊老师特别震惊。她赶紧找来两个当事孩子了解事情的原委。

事情缘于同学间发生的口角，争执间，男孩小欣为了显示自己“男子汉”的实力，夸下海口，说放学后要找人打女孩小玉。小玉因为害怕，便趁课间悄悄给父亲打了电话，小玉爸爸害怕自己的女儿在学校受欺负，情急之下，失去理智，既没有向老师打听事情的原委，也没有多问问女儿，挂了电话便直奔学校。起初，门卫并不准许他进入校园，他撒谎说孩子生病了要马上送医院，门卫见他匆忙的样子便让他进了校园，哪想他一路冲进教室，当着上课教师和全班同学的面打了小欣一个耳光，还警告小欣不要惹他的女儿。之后，他挣脱上课老师的手，扬长而去。等到上课老师赶到办公室打通门卫电话，家长已经离校。

樊老师回到办公室，拨通该家长的电话，办公室的老师却提出另一种看法：家长刚刚离去，而且那么冲动，这会儿打电话给他，会不会把事情闹得更僵？于是建议先给小玉的母亲打电话。

一向温顺可亲的樊老师这时却“牛气”十足：“不行！电话我必须打给他本人！我要让他知道，学校不是他可以肆意妄为的地方，如果他态度还很强硬，我绝对跟他没完，我必须让他认识到错误。他爱人的电话我要打，但要在我打给他本人之后。”

电话就这样接通了，温柔可亲的樊老师如一头强悍的狮子：“你作为学生的家长，居然到学校打人，而且打的是一个和自己女儿同岁的孩子，就仗着自己是个成年人吗？不管事情怎样，不管孩子之间发生了什么，都轮不到你到学校来横行霸道……”

电话那头，不知是被樊老师的“厉害”镇住了，还是已经在反省自己的冲动，没有与樊老师发生任何争执。接下来，樊老师又拨通了小玉妈妈的电话。

半个小时后，“肇事家长”和他的爱人一同来到了学校。三十分钟前还暴怒无常的“肇事者”此刻耷拉着脑袋。小玉妈妈一见到老师就连声赔不是，说都是自己的爱人太冲动。

见家长已经意识到自己的错误，樊老师也平息了自己的怒火，首先向他们介绍了两个孩子发生争执的经过，然后为他们分析小玉爸爸的行为给自己的孩子和其他孩子带来的影响。

首先，他的这一行为，会吓到自己的孩子，改变孩子心目中爸爸高大的形象。其次，给受伤的男孩带来的不仅仅是身体的伤害，更是心灵的伤害，孩子会害怕，会感到没有安全感，如果男孩回家把这件事告诉自己的父母，很可能升级成两个家庭之间的矛盾。最后，他的这一举动会让全班同学不再接近小玉，小伙伴之间发生事情就让爸爸出面解决，以后谁都不敢和她玩耍了，也会给小玉的心灵带来伤害。原本是要保护自己的孩子，而事实上，却将自己的孩子推向了“被孤立”的深渊。

听完樊老师的分析，小玉的爸爸惭愧极了，在意识到自己的行为产生的严重后果之后，一个劲儿责怪自己：“我怎么回事啊？怎么会去打一个孩子?”边说边用双手狠狠地敲打自己，七尺男儿流泪了！他要见小欣，要当面向小欣道歉，请求小欣的原谅。

当老师把小欣带到办公室后，小玉的爸爸把小欣搂在怀里，抚摸着小欣刚刚被他打过的脸蛋，再度泣不成声。懂事的小欣躺在“鲁莽叔叔”的怀里，说：“没事的，一点儿也不疼了！”

得到了小欣的原谅，“鲁莽叔叔”又到班上当着所有同学的面向小欣道歉，并向全班同学道歉。之后，“鲁莽叔叔”和爱人买了一篮水果，在樊老师的陪同下，带上小欣，一起去见了小欣的父母。由于真诚，由于宽容，一场风波消弭于无形。

相信所有有过办学经验的朋友都会有这样深切的体会：很多时候，不是说你做了正确的事，就能获得理解和支持，现实是你必须把正确的事坚持再坚持，然后获得不理解者的理解和支持。第一个故事中的林琳是学校的德育主任，2000年调入锦西实小，从第一次接手班级“让学生自己做自我介绍”的无所适从，到对课堂、活动的驾驭自如，再到对突发事件机敏智慧地应对，实现了惊人的飞跃，正是因为团队中一位又一位老师的“飞跃”，才达成了锦西实小的“飞跃”。

7

用山一样的胸怀去包容

胸怀是一种气度，一种修养，一种为人处世的方式，一种在波涛激荡之后的坦然与生命再相牵！

周骞，是2000年9月进入锦西实小工作的。2008年，周骞被提拔为副校长，到府河小学任职，但周骞时常回锦西实小，俨然把锦西实小当作心灵停靠的港湾。2011年，在我辞去校长职务之后，周骞漫步锦西实小，写下了这样一段话：

你离开了，我才知道原来你才是我依恋的后方。到哪里又何妨？我的行囊中已鼓鼓囊囊，面对任何挑战我都会自信与坚强。我离开了，与锦西实小没有了任何关系，此番远行，带走一种精神、一种力量，这种精神绝不会因为外界的变化而动摇。遥想当年，与你一起“开天辟地”，虽很艰辛，但回想起来却又是如此甜蜜，我也在这样平凡的工作中日渐成熟，每次痛苦的经历之后，总是收获颇丰！尽管当时内心还有淡淡的埋怨，但在之后的工作中获得成就与认同时，才倍感过去日子的弥足珍贵！

真情在字里行间潺潺流淌。你很难想象，写出这般深情文字的人，居然会在2006年时万般纠结，一心要想逃离锦西实小，居然心中对时任校长的我还有过淡淡的埋怨。

事情缘于2006年，当时与周骞同为中层干部的晓英先于周骞被提拔为副校长，当时的锦西实小，德育副校长和教学副校长都是空缺，但教育局只允许锦西实小提拔一名副校长。在反复权衡之后，学校认为教学副校长对于当时的锦西实小来说更为急需，晓英任教的学科是数学，周骞任教的学科是体育，两者比较，晓英更适合做教学管理方面的工作。人选确定后，周骞陷入了迷茫：是自己不够优秀，还是？如果说自己是优秀的，那为什么任教体育要成为不能被提拔的理由？于是，在没有让任何人知晓的情况下，周骞悄悄联系了其他学校，准备调动工作。身为校长，我觉察到了他的异常，与他坦诚的交流之后，周骞终于释怀了。而对锦西实小的认同，对锦西实小如家一般的依恋，越发在周骞心中滋长，以至五年后写下了开篇那般深情的文字。

像这样的事例，在锦西实小的发展中，可以说宛若天上的繁星，数也数不清。它不仅发生在教师与管理者之间，也发生在教师与教师之间，更发生在教师与家长、学生之间。正是团队如山一般的胸怀，成就了锦西实小。

故事 1

牵手风雨后——给学生补作业引起的风波

2003 年，一天早上来到学校，门卫王师傅告诉我，昨天晚上，董老师被家长骂了。

怎么会这样呢？我赶紧到办公室打电话询问。号码拨过去，董老师的手机关机，接着，我拨通了林琳老师的电话，一问，真有此事，且比门卫王师傅讲得严重多了，家长的谩骂让董老师无法面对，没有经历过这种情况的董老师只好哭着跑回了寝室。事情发生时，德高望重的特级教师冯先蓉老师恰好在学校，也赶忙出来劝解，但家长根本听不进去，甚至把冯老师也骂了一顿。

我又拨通冯老师的电话，了解当时的情况。接到电话，冯老师连声说："简直太不像话了！我教了几十年的书，从没有见到过如此不讲道理的家长。我劝她，她连我一起骂。真是太不像话了！太不像话了！"冯老师教了一辈子的书，深受学生和家长的爱戴，在金牛区乃至成都市教育界都有极高的威望，看来，面对这位家长，也算是"大开眼界"了。安慰了冯老师后，我上楼去找董老师。

听到推门声，董老师转过身看到我，一声"校长"之后，眼泪便吧嗒吧嗒直掉，一双眼睛已肿得桃子一般，可以想象，昨晚对于董老师来说，是怎样一个不眠的伤心夜啊！

"吃早饭了吗?"我拍拍她的肩膀。

她摇摇头，没有说话，任眼泪恣意流淌。

我便静静地陪着她。大约十分钟后，董老师向我介绍了事情的起因——

班上有个男孩，挺聪明的，可有一个坏习惯，从一年级开始就经常不完成家庭作业，董老师几次和家长沟通都没有效果。后来该生的父母到外地工作，家里只剩下他和奶奶，所以当他再不完成作业时，董老师就单独将他留下来补作业。每次将他留下来补作业，董老师都会为他准备好点心，怕过了晚餐时间他会饿着。经过一段时间，该生渐渐明白了完成作业是自己的责任，完全能自己完成作业了。可是好景不长，新学期开始后，他又屡屡不完成作业。董老师怕他再次回到以前的学习状态，便又将他留下来补作业。没想到这一次等来了他的妈妈。于是，董老师便着急地将孩子的情况告诉了他妈妈，并提醒该生的妈妈："他这段时间又不做作业了，如果继续下去可能会像一年级那样。"并顺手将该生的作业本拿给家长看，没想到一番好意却让该生的妈妈大发雷霆："你认为我儿子差，是吗？你认为他从一年级开始就是差生，是吗？什么老师呀？我要找校长。"

董老师愣住了，因为家长的火冒三丈，更因为家长对事实的歪曲，还因为两年多来的无私付出得不到家长的理解。在家长的谩骂声中，董老师连解释的机会都没有，只好哭着离去。

知道了事情的原委后，我立即拨通了该家长的电话，要求她第二天到学校来解决此事，但家长并未意识到自己的错误，还执意要在电话里沟通，我态度强硬地回绝了，并声明此事情节恶劣，必须当面解决。第二天的沟通出奇的顺利，家长向董老师赔礼道歉，并表示以后坚决支持老师的工作。董老师原谅了家长。

故事 2

误会在离别时释怀——缘于“三好学生”证书的索要

进入三月，成都市激烈的“小升初大战”便拉开了序幕。

往常在课间嬉笑打闹的学生，被各类补习班、冲刺班、比赛缠绕着。他们谈论动画片、游戏、偶像的机会渐渐减少，代之而来的是——

“××学校开始报名了！你报了吗?”

“我妈打听到××学校好，我报了那所学校。还有 10 天，我就要去参加那所学校的选拔考试了。”

“我妈给我报了三所学校，你们报了几所?”

所有属于童年的话题随着“小升初大战”的推进完全淡出学生的生活，往常轻松自如的家长们，忙碌着打探各种消息，给孩子们准备着去学校面试所需的各类材料。那些好学校，无一例外都要求学生在资料中提交区“三好学生”证书，若不能提供，连资料递交的资格都没有。

因为一张区“三好学生”证书而被挡在门外的家长们着急了，也不管每年区“三好学生”的评选名额，都来学校索要区“三好学生”证书。其实锦西实小每年只有 3～5 个名额，即便学校将所有的名额都放在毕业班，也只有不足 2%的学生能获得区“三好学生”的资格。他们只知道：此刻孩子若有一张“三好学生”证书就如同有了一张王牌。

而毕业班的老师们也平添了一份紧张和忙碌：一方面得抓紧时间赶在选校考试前帮助学生进行知识的梳理，收集各所初中历年的选拔题让学生练习；一方面还要想办法在紧张的复习备考中开展活动，让即将毕业的学生能得到些许放松，尽可能多地留住童真与童趣。

杨怡，时任2009届（3）班班主任和数学老师。一天放学后，杨怡老师正与几个学生讨论思维题，维维的妈妈脸色阴郁地走到杨老师面前，满含怨气地质问道：“我儿子为什么从一年级到六年级只有一张‘三好学生’证书？你们老师为什么就不评他当‘三好学生’呢？”

杨老师告诉了家长“三好学生”的评选资格和流程：“评选‘三好学生’并不是一个老师能决定的，是根据上级文件精神，由所有老师、学生在满足评选条件的候选人中投票选出来的。”

原以为耐心的解释会让维维的妈妈释怀。哪知她听后更加无理地说道：“我的儿子很乖、很优秀，就是你们老师联合起来，故意不评我儿子当‘三好学生’的……”之后，给了杨老师一通极不礼貌的乱骂后离开了。

六年来，维维的妈妈很少到学校来，没想到孩子毕业前的相见是这样的。她在指责学校、指责老师的时候是否想过，自己身为母亲，对维维六年的小学生活究竟知道多少、关心过多少呢？

维维五岁时，爸爸妈妈就离婚了，维维由爸爸抚养。由于工作繁忙，爸爸经常不在家，维维大部分时间都跟着奶奶住，偶尔回一次妈妈家里。全家人对维维都很溺爱，满足孩子的一切要求，都希望利用物质的满足来弥补情感的亏欠，这也让维维养成了很多坏习惯。六年来，老师想要与维维的家长沟通、交流，都只能见到维维的奶奶。马上要考初中了，维维妈妈为了让维维进一所好的中学，便把孩子接到身边与她共同生活，就在给孩子准备相关中学的报名材料时，发现孩子这六年来只有一张“三好学生”证书，很多名校的报名资格都够不上，于是就有了刚才的那一幕。

之后的日子仍然很忙碌，杨老师的满腹委屈无处诉说。

毕业前夕，维维妈妈再次来到学校，手里拿着杨老师送给每个学生的毕业礼物——“我们一同长大”的光盘，拉着杨老师的手，一脸歉意：“杨老师，对不起！这些年我没和孩子一同生活，短短的一个月相处，我才发现孩子已经长大了。我看到您为孩子们做的‘我们共同长大’的光盘了，用感动、激动都无法来形容我的心情，您真的很有心啊！六年来每一次春游、秋游的照片，孩子们下雪天的照片，课间休息的照片，比赛时的照片及生活中的点滴……我们家长都不一定能保留孩子六年来每一次活动的照片并进行记录，您居然做到了。维维还告诉我，每年的六一儿童节和圣诞节您都会送给大家礼物，年年如此，真的不容易啊！”

还未等杨老师说话，维维的妈妈继续说道：“上次真的对不起，是我太冲动了，真的不该对您说那些话。这些年我都没关心过孩子，这个月我天天跟孩子在一起才发现他确实有一些坏毛病，有时候我都气得不想管他了，而您却依旧每天耐心地帮助他。上次我对您那么无礼，您不但没往心里去，还依旧天天帮助维维，听维维说您还常常与他在学校的‘静心小站’谈心。我真的对不起您！对不起……”愧疚与感激的泪花簌簌落下。

两个月后的9月10日，是学生毕业后的第一个教师节，杨老师手机里有一条维维发来的短信：“杨老师，现在才感觉到您和老师们对我的好，我以前不懂事，现在想想，太对不起你们了。”

像这样的短信，之后的每年都会收到。爱的种子一旦播下，总会生根、发芽，总会开花、结果！

故事3

家长会上的空座位——一句感叹惹的祸

“程老师，您没有外出度假吧？若您在成都，无论如何今晚一起吃个饭，好吗？”

2009年暑假，一大早，程琦老师就接到了小欣妈妈言辞恳切的电话邀请。

或许在很多人看来，这只是平常的一次邀请，但只有程琦老师知道，这样的邀请来得实在不容易。

程琦，一位秀外慧中的年轻女教师，因为对锦西实小的认同和欣赏，从金牛区肖家村小学调来锦西实小任教。在2007年调来锦西实小之前，程老师在金牛区已小有名气，多次为金牛区语文教师提供教研课和示范课，先后被授予“金牛区骨干教师”和“金牛区优秀青年教师”称号，其扎实的学科素养和出色的语言表达能力深得同行认同。但是，这样一位优秀的教师，在2007年接手锦西实小二年级（1）班时，却遇到了问题。由于家长对原来的班主任十分信任，面对新调来的程老师，始终有一种“后妈”的感觉，不仅学生们不了解老师，家长对程老师也因陌生而有些不认同。

事情发生在开学不久后的一天下午。经过一段时间的相处，程老师对学生的学习状况有了透彻的了解，其中有一个叫小欣的女孩子，活泼开朗，特别爱为班级服务，但接受能力较弱，学习很吃力。一天放学后，程老师将小欣单独留下，帮她梳理最近几天她作业中出现的错误。安静的教室里，只有师生两个相向而坐的身影。可这样的安宁只持续了不到10分钟，一位年轻的女士气势汹汹地冲了进来，冲着小欣大吼道：“你怎么还不走？”

程老师没有理会家长的无理，而是走上前去，将小欣的作业本展开，给她看小欣的错题，并告诉家长虽然老师讲评过了，但小欣仍然还有很多地方出错，所以单独留下她辅导。家长听后不置一词，反而折身走到女儿面前，一边指着自己的手表，一边大声说道：“银行马上要下班了，我还要谈笔大生意，你在浪费我的时间。”

程老师强抑满腹的委屈，将作业本合上，对小欣说：“既然如此，小欣，你就先回家吧，回家以后一定要把错题改完哦。”家长听到这句话径直走出了教室，连头也没回。懂事的小欣有礼貌地走到程老师面前，鞠躬行礼后道别："老师，谢谢你，再见。"望着懂事的孩子，程老师拍拍孩子的头，轻轻感叹："要是妈妈也像你这么懂礼貌就好了。"

没多久，程老师接到了自己从教 8 年来的第一个投诉。原来小欣把程老师随口的感叹转述给了妈妈。家长索性连银行也不去了，带着孩子径直去了校长办公室。义务给学生补课，不但得不到感谢，连起码的尊重也没有，随口的感叹确实是发自内心的。虽然校长没有一句指责的话，但程老师仍是心中愤愤，难以平静。

当第二天再看到小欣的时候，程老师怎么也无法把小欣和她妈妈联系在一起，怎么也无法把昨天的委屈和小欣关联起来。孩子是无辜的。小欣坐在座位上，当程老师走过她身边时，她抬起头怯怯地望着程老师，试图在老师眼中找寻"如何处置"的答案。程老师看出她的心思，微笑着摸了摸她的头，俯身一个拥抱后开始上课。

几周后的家长会，小欣的家长没有来。从那以后，程老师班的家长会总会空一个座位——那个属于小欣家长的座位。大家都以为，那个座位或许会这样一直空下去……

这期间，上学或放学时，程老师偶尔也会和小欣妈妈擦肩而过，家长看见程老师，每次都装作没看到。好多次，程老师都委屈得眼泪直在眼眶里打转："我面对的是学生，我爱的是学生。"她常常用这句话提醒自己，安慰自己。小欣呢？因为老师的"特赦"和"再也不提"，依然活泼开朗，依然会被程老师留下"开小灶"，依然积极地帮助班级料理各种事务。

转眼进入高年级，小欣已经是文娱委员了。每周班会上，同学们自编自演的小品中，擅长表演的小欣绝对是顶梁柱。再与小欣家长不期而遇时，程老师能听到一声"程老师好"问候了。

日子一天天过去。忽然有一天，小欣的家长焦急地找到程老师："程老师，您救救我的孩子吧！家里的生意出了点问题，有人找上门来了，我们现在不敢回家，担心他们会在放学时对孩子不利，能不能放学后让孩子待在教室，等您下班时，再帮我们把孩子带出来。”电视中的情节竟然发生在真实的生活中，没有任何犹豫，程老师积极地为小欣的家长张罗起来。之后在学校相关人员的协助下，事情解决得很顺利，小欣在家休息了几天后又回到学校正常上课了。

从那以后的家长会，该班再也没有了空座位！

整整两年的时间，面对家长的无理与冷漠，程老师始终以诚相待。如今，接到家长的真诚邀约，程老师怎能不感慨万分？当程老师委婉地拒绝家长的盛情邀请时，小欣的家长哽咽了，藏在家长心中的“结”在程老师“我们是朋友啊”轻轻的告别声中彻底解开了。

其实，在办学过程中老师不被理解是再正常不过的事情。作为一所新建的学校，我们把每一次跟家长发生的误会都当作一次契机，抓住它，跟进、沟通，每一次，都得到了圆满的解决。当然，圆满解决的前提条件是每位老师都对工作尽心尽责，对每个学生都关心爱护。而在事情发生之后，老师和学校能不能一如既往地爱学生，是沟通理解并在最后赢得支持的关键。董莉老师在事情发生之后，依然坚持给该生辅导，一年后，该家长由于出色地支持老师的工作，被评选为“锦西外国语实验小学首届优秀家长志愿者”。小欣的父母和程琦老师后来也成了无话不谈的挚友，甚至是夫妻之间的小矛盾，小欣妈妈也会找程老师出主意。而杨怡老师和维维、和维维妈妈的友谊，更是一直延续至今。宽容，在绽放她璀璨魅力的同时，也带给人幸福与平和，具有山一样胸怀的人，“被伤害”的可能性更低，这是个人幸福的秘诀，也是团队成长的秘诀。

8

像刺猬一样机警

如刺猬般机警地引导家长认识教育，理解教育，是教育人智慧的彰显，是学校办学的应有要义。

锦西实小是一所小区配套小学，其坐落的地理位置属于未实现城市化之前的九里大队。随着城市化进程的推进，原九里大队的农民全部迁入政府统一建设的小区——星河路社区和交桂巷社区。不到两年的时间，在这两个社区的居民中就传开了：锦西实小的校长太会“吵架”了，还是不要去惹她的好。

居民们口中的“吵架”是怎么回事呢？看完下面的故事你就知道了。

一道墙的理论

我刚迈进办公室门，坐在沙发上的女士腾地就站起来了：“校长，你来得正好，他们凭什么不给我登记？我邻居的孩子昨天就在你们学校登记了。我家和他家只隔了一道墙，为什么他家孩子可以上你们小学，我家孩子就不行?”这是2001年锦西实小一年级招生登记以来第三个来找我的人了。

说话声音很大，可以想象她有多么气愤！她刚才在校门口新生登记处就已经和登记的老师理论了近一个小时了。无论登记的老师如何解释，可她就认一个理——“非登不可”，大概以为见了校长能就给孩子登记报名了吧。

我接过她手中的户口本，确实，她孩子的户口不在学校划定的招生范围之内，可对于如此激动的她，我从什么样的角度切入，才能平静她无比激动的心呢？

我把户口本还给她，陪着她在沙发上坐下。

“我想，我们俩的年龄应该差不多。还记得1979年的对越自卫反击战吗？那时候，我们就十来岁，我们应该都为自卫反击战的英雄们送过鸡蛋、唱过歌、跳过舞吧？”

年轻的女士迷茫了，不知道我要跟她谈什么。

“知道那场战争是怎么打起来的吗？不就是为了一条线吗？什么线？边境线！只要你的双腿迈过边境线，你就是侵略者。那场战争的起因，仅仅是一条线，因为一条线关系着相邻两个国家的主权。”

年轻的女士更迷茫了，明明是报名登记，怎么和对越自卫反击战联系上了呢？通过眼神，我知道她还没有领会我的意图。

“我们的国家够大吧，但是，地再大，国再广，总有一个边界！”

“是的，这个我懂。”

“同样，金牛区教育局给我们学校划定的招生范围不管是大还是小，也该有个边界吧！不幸的是，你恰好就在边界线上。报名登记的老师按照规定进行登记，哪里错了呢？你这样闹来闹去，也是没有用的。”

随即，我拿出了教育局下达的关于我校小学一年级招生范围的文件，再次向她说明了学校不给予登记的理由。

“我理解你的心情，不能让孩子读自己心仪的学校，肯定很失落。但你要相信，既然孩子的户口在金牛区，政府就一定给孩子提供了可以报名的学校，赶快去孩子户籍所在片区的学校登记吧！”

暴怒终于平息了，那位女士带着无奈，更带着遗憾离开了。

其实，锦西实小人在办学之初遭遇的挫折哪里仅仅是家长对划片招生的不理解呢？

规定时间进校，家长要闹。

要求学生到校早读，家长要闹。

规定到校开家长会时不准穿背心和拖鞋，家长要闹。

要求作业书写符合格式要求，家长认为是多事。

甚至老师抽时间义务为学习暂时落后的学生辅导，家长也要闹。

所有的“正常”，在开校之初的锦西实小都是“不正常”。在一个新建的社区开办学校真的是举步维艰，新建小区的人们还没有完全建立起片区的概念，固执地认为“别人能读，我也能读”。学校一边办学，一边向家长宣传《中华人民共和国义务教育法》中保证每一个学龄孩子入读及依据户口所在地就近入读的原则。既要宣传政策，又要让家长开开心心地接受，于是，冲突很自然就发生了。其实，每一次与家长之间发生冲突，本质上都是一次化解家长对教育的误解、引领家长走出教育偏差的机会。许多到过锦西实小的朋友，了解锦西实小的朋友，都说锦西实小的家长很配合，很“给力”，其实，配合和“给力”的背后，藏着太多锦西实小人的故事，故事中，你会看到锦西实小人的机敏与智慧。

故事1

唯有适合是最好——解开家长选师的心结

距离新学期开学还有一个多星期，不少家长开始忙着为孩子挑选班级、挑选班主任、挑选学科老师。每年开学前，家长都会上演一场疯狂的“挑之风”。

2010年9月开学前夕，学校接待了不少这样的家长，打电话前来咨询的更多，从与家长的接触中，不难看出家长是做足了功课的，对一年级老师的情况非常了解，这让学校既佩服又无奈。

一天下午，教导主任徐军刚到办公室就接到了门卫的通知：有家长前来咨询孩子分班情况。接完电话，徐老师看向窗外，夏日里骄阳似火，更何况此时正是午后阳光最炙热的时候，家长急急地赶来，真可谓用心良苦。

不一会儿，门开了，门外站着一位年轻的女士，满脸笑容。

“老师，您好！”

看得出来，这位家长素质颇高，徐老师微笑着请她坐下。

坐定后，年轻的女士便开始介绍自己，果然和猜测的一样，这是即将入读一年级的新生文文的家长。简单的交流之后，文文妈妈直接说出了她此行的目的：“我女儿其实挺乖的，在幼儿园和家里都很听话，就是比较内向，所以我希望给孩子找一个比较温柔的班主任，这样她在心理上不会有什么负担，会更利于她的发展。听说这次谢薇老师要教一年级，听说她对孩子很好，性格也温柔，希望学校在分班的时候能把我女儿分到谢老师班里。”

仅仅两个月的时间，通过各种渠道提出同样要求的家长已 50 多位了。望着文文妈妈真诚和渴求的目光，徐老师从笔筒里抽出两支铅笔——

“文文妈妈，您看这两支铅笔，哪支长？”交流从两支铅笔的长短开始了。

文文妈妈浅浅一笑，指指左边红色花纹的那支铅笔。

接着，徐老师又拿出第三支铅笔，问道：“现在，哪支更长？”

很显然，红色花纹的那支已经不是最长的了。

“这是从长度来比较。若是从花纹来比较，你觉得哪支最好看呢？”比较了长度，徐老师又从花纹、从色彩引导家长继续进行比较。

三支铅笔，一支是黄色的，一支是红色的，一支是绿色的，偏好不一样色彩的人，选择的结果肯定不一样。

“咱们再来看看铅笔的形状，你握在手中试试，哪支用起来更方便？”说着，徐老师将三支铅笔一一递到家长手中，经过比较，文文妈妈选出了柱形铅笔。

“看到了吗？从三个角度对三支铅笔进行比较，结果不同。老师就像这铅笔，你在这方面优秀，我在那方面优秀，不能用一己之长去比他人之短。

差异性是生命的本质属性，比较是对生命最深的伤害，无论是对老师，还是对孩子。锦西实小是一个和谐的大家庭，每位教师都会尽职尽责，每位教师都很爱孩子，您的孩子入读锦西实小，是要享受锦西实小‘生命为本’的教育，而不是仅仅享受哪位教师在性格上的优势，或者在某一方面的特长。您放心吧，把孩子交给锦西实小，您会满意的。锦西实小，正是因为对每一个孩子都负责，才能从一所普通的小区配套小学成长为家长喜爱的学校。”

文文妈妈内心释然了。看着家长轻松地迈出校门，徐老师长长地出了一口气。不知道家长的心中是否还纠结，但随着开学，随着家长对锦西实小教育和锦西实小的老师一天天更多、更深的了解之后，“结”一定会打开的。目送着家长远去的背影，徐老师在心里默默地祝福。

故事2

飘香的初秋，真情涌动——家长是学校坚强的后盾

2003年9月，锦西实小正式从石笋街小学独立出来。独立没多久，教育部对义务教育阶段收费政策进行调整，规定借读生六年的借读费必须分年缴。在当年，学校的发展主要依靠收取借读生的借读费用。对于基础好的学校来说或许影响并不大，但对于锦西实小——一所开办仅三年，设备设施严重不足的新学校，无疑是一场“灾难”。捧读着金牛区教育局转发的文件，我沉默了：教师的奖金从哪儿来？学校第一期文化建设费用从哪儿来？难道，独立就意味着贫穷，就意味着举步维艰吗？

如果严格执行政策的话，学校预算外收入连维持学校正常的运转都成问题，更别谈学校建设和教职工福利了，而教学设施的购置和改善就不知要等到何年何月了。

经过几天的思考之后，一个大胆的计划渐渐形成：依靠家长，同心协力，渡过难关。

为了使美好的设想变成现实，我们先从择校学生家长中选出最关心、最支持教育的代表。开学第一天，各班教师对家长还不了解，筛选工作自然落在我的肩上。报名就读学校的择校生，每一位家长都曾与我交谈，虽不能一一叫出他们的名字，但却对每一个家长都有印象。我首先想到了李相的奶奶，一位开朗而率直的老人，5 月的一天，在教学楼走廊第一次遇见时，我们就一见如故，拉着我的手热情地交谈了半个多小时；罗慧聪的爸爸，一位稳重的青年男士，也微笑着向锦西实小人“走”来；吴双月的妈妈，一位瘦小而精干的女士，也静静地“坐”到了锦西实小人面前……

当天晚上，学校行政部门、后勤部门工作人员和一年级教师分为四个组，匆忙地吃过晚饭后，出发了，而我呢，则驻守在办公室，随时准备接受有疑问的家长的电话咨询。

没多久，由朱文乐老师带领的第四小组首先传回消息：当老师们将学校的情况介绍完之后，陈啸吟的妈妈，一位爽朗的年轻女士，没有丝毫犹豫，写下了这样一段话：

怀着对贵校的无限期待，我们把孩子送到锦西实小，交付于你们培养。贵校事业的发展牵动着我们全家人的心！现因学校事业发展正处于起步阶段，我们愿尽自己的所能助学校一臂之力，自愿一次性交纳孩子六年的借读费。

学校立刻将陈啸吟妈妈写的“自愿交费承诺书”打印出来，以最快速度送到其他几个组的老师手里，凡理解支持学校工作的家长，只需在“自愿交费承诺书”上签字即可。

就这样，瞿卫东、付前兴、张利英、李红梅、李静、龙建明、陈静……一位位家长朋友，在“自愿交费承诺书”上签下了自己的名字。2003 级的借读生，除11位因故分年缴以外，其他借读生全部选择一次性交纳小学阶段的借读费，学校筹措到了事业发展的第一笔资金。当所有老师回到学校时，已是晚上十一点多，可回到学校的老师丝毫没有疲惫之色，大家激动地诉说着，诉说着家长们对学校工作的理解和支持，诉说着家长为人处世的大气与无私。本想简单地总结一下，结果却在老师们的滔滔不绝中持续了近一个小时。当大家带着感谢，更带着无限的憧憬踏上回家的路时，已是次日凌晨了！

2003级70多位家长的理解和支持为学校的正常运作和发展筹措了第一笔资金。在这一年里，学校给每间教室配备了电视机；为多媒体教室添置了投影仪；添置了校园智能广播系统；装修了教室，对每间教室进行了改造；拆除办公区天井铁窗，改为花槽；添置了四张乒乓球桌，为学生建成了梦寐以求的乒乓球场；改善了办公设备，为每间办公室添置了一台电脑……在事实面前，锦西实小人再一次坚信：办学过程中遭遇困难，家长绝对是学校坚强的同盟军，对教育的支持和理解，永远是家长群体高唱的主旋律！

9 爱到灵魂深处

爱是无意识的，不需要刻意，也没有承诺。她是盛开在灵魂深处的花，悠悠地散发出芳香，不管见与不见，她都与你同在。

2010年9月27日晚上9：15，锦西实小“十年锦西，生命花开”校庆晚会接近尾声，当所有教师将千纸鹤投放到“生命叶”中并在舞台站定之后，《祝你生日快乐》轻轻唱起了。舞台左侧，我和两个孩子推着蛋糕缓缓走出。待走到舞台中央，深深地鞠躬之后，我开始致辞：

尊敬的各位领导，各位来宾，亲爱的家长朋友们，可爱的孩子们和我亲密的锦西实小伙伴们：

在锦西实小迎来十年发展，在锦西实小孩子、锦西实小教育人迎来十年成长的时刻，我在这里向十年来给予锦西实小关注、关怀的各界人士致以衷心的感谢！

朋友们，我身边的两个孩子，这是可欣，这是昊阳。细心的朋友可能已经看到，昊阳的左手缠着绷带。七天前，也就是9月20日下午，在练武术时，由于队伍没有拉开距离，昊阳的手受了伤。当时，昊阳的妈妈正好在学校，她没有对相关老师提出任何无理要求，也没有责怪老师，反而安慰老师，说“没关系”，然后带孩子到医院检查。经检查，昊阳的手骨折了。得知结果，昊阳哭了，妈妈也哭了——不是为骨折，也不是为骨折后的疼痛，而是为不能再参加排练，不能在校庆的时候登上舞台。一向懂事的昊阳大哭着，不让医生给他的手上夹板，不让打绷带。他要立刻回来继续练习。伤心的昊阳妈妈不知道怎样安慰孩子。我们得知这一情况后，立刻决定：让孩子和我一同在生日歌唱起时推出蛋糕。在此，特向如昊阳妈妈一般理解我们的家长朋友们致以深深的谢意！

朋友们，昊阳的事告诉我们：要做好教育，唯有蹲下身来跟孩子平等地交流；唯有走进孩子心灵，倾听他们内心最真切的呼唤！站在锦西实小又一个十年发展的起点，我们明白：唤醒生命深处的自主和自觉，培育生命的潜质和潜能，努力创造适合每个孩子成长的教育，将是锦西实小永恒的追求！

受邀参加锦西实小十年校庆晚会的有专家，有同行，有媒体的朋友。校庆晚会结束后，许多朋友都跟我聊起了“庆典致辞”，并询问我在昊阳的手骨折之前“庆典致辞”是否有另外的版本。我如实告诉朋友，在昊阳的手骨折之前，“庆典致辞”确实另有版本，但自从知道昊阳的心愿之后，我毫不犹豫选择了改变。当然，其间内心还是很忐忑的，不知道这样的改变是否会招致非议。但是，当我确信这样的改变是基于对孩子的认同和爱时，内心就踏实了，锦西实小“生命为本”的办学理念，绝不能是一句空头口号，必须渗透到锦西实小人灵魂深处去。锦西实小人的每一天，都应充满爱的芬芳！

故事 1

装在信封里的爱

——老校长献给学校十年校庆的礼物

2010 年 9 月，开学初的忙绿给锦西实小人带来的不是疲惫，而是期待与兴奋，因为锦西实小将迎来她的 10 岁生日。锦西实小，从一所普通的小区配套小学成长为家长和社会各界高度认同的学校，实属不易。要纪念锦西实小人携手走过的十年，没有一个老师不兴奋、不向往的。那段日子，所有的人，累并快乐着。

日子在憧憬和忙碌中飞逝，校庆各项准备工作也接近尾声，精细的锦西实小人都在忙着对自己所负责的板块进行最后梳理。

9月24日早晨，老校长欧阳小芹来到学校。欧阳校长是2002年从金牛区另外一所学校调入锦西实小的，原本任花牌坊小学校长的她，调入锦西实小担任副校长。2006年，由于身体状态不佳，她提前离开了热爱的工作岗位和喜爱的孩子们，同时也离开了当时还很“年轻”的锦西实小。

见到我，欧阳校长露出迷人而优雅的笑容。经过三年多的休整，身体渐渐康复，原本漂亮的她，显得比退休前更年轻、更漂亮了，与退休前身体虚弱的样子判若两人。

没聊几句，办公室主任潘波来与我商议“生命为本”教育论坛分会场调整事宜。想到欧阳校长也不是外人，我便请欧阳校长到处走走看看，顺便对各部门筹备工作提出建议。

大概半小时后，欧阳校长回到了校长办公室。正欲说话，电话响起，趁着我接电话的当儿，欧阳校长迅速从包里掏出一个信封塞到我手里，做了一个再见的手势，一脸微笑地离开了。

等处理完手里的事后，再想起欧阳校长递来的信封，已经是下午了。是要托付什么事吗？

我迅速回到办公室，一看，信封果然还躺在办公桌上，看上去厚厚的，会是什么呢？怀着好奇，我打开了信封。竟然是钱，厚厚的一摞。夹在钱中间的，还有一张纸条，纸条上写着简简单单两行字。

逢锦西实小十年庆典，献上一点微薄心意！

——欧阳小芹

是欧阳校长给锦西实小校庆的献礼。这怎么可以呢？这些钱对于欧阳校长来说，实在不是一个小数目。几年前，也就是欧阳校长刚刚调入锦西实小不久，我曾和几位老师去看望生病的欧阳校长。到了欧阳校长家，大伙儿简直不敢相信自己的眼睛。说起来是一位校长，可家里连一件像样的电器都没有。电视机，是那种小小的黑白电视机，寻常人家早就淘汰了。

地上铺的还是10年前流行的胶垫，放到当时来看，真可以称为“古董”了。可就是这样一位清贫、朴实的老校长，却在学校十年校庆之际送来这些钱，当我把这一消息告诉全体锦西实小人时，大伙儿都认为不能接受老校长的钱。

接下来的几天，我们想尽办法退钱。一次，又一次，都被老校长拒绝了……直到第五次，当学校把钱退还到她手里时，一向坚强的欧阳校长不说话了，低下头默默地流泪……

如果不是身体的抽动，大家很难发现欧阳校长已经哭了。抽泣中，她断断续续地诉说：“你们是我这辈子遇到过的最好的同事和伙伴！我给大家添了那么多麻烦，也不知道怎么回报，好不容易遇到十年校庆可以表表自己的心意，你们却不收……”

听着欧阳校长断断续续的诉说，围在她身边的人也都默默地跟着流泪。

其实，欧阳校长说的麻烦，不外乎大家在她生病的时候带去问候；在她出于身体原因调入锦西实小任副校长时，大家约定不主动提及她的从前以免她伤心；在她办理退休手续时，全体锦西实小人捐款为她家添置了几件像样的电器。锦西实小人，仅仅就做了些平常得不能再平常的事，怎么可以让老校长如此回报呢？

“其实，我也不是要回报什么。锦西实小，你们爱，我也爱。看着学校有今天的发展，我作为锦西实小人，感到很高兴啊！我怎么就不能为锦西实小做点儿事呢？”

这下，大伙儿明白了，不是什么回报，而是对锦西实小的爱，真挚而深情的爱，渗透到灵魂深处的爱，让清贫的老校长捧出这攒了许久的钱。

再也不说退钱的事了，因为世间没有任何真爱的付出能够退回。这个故事，也成为锦西实小办学十年生涯中爱的传奇。

故事2

生死友谊——记录与肖潇共战病魔的日子

肖潇，一个可爱的小姑娘，2003年9月进入锦西实小读一年级。朱文乐，一个乐天派，大伙儿都叫她“乐乐”，2003年9月调入锦西实小担任一年级班主任。2003年9月1日，乐乐和肖潇相遇了，平平常常的相遇，却是一个凄美故事的序曲。

肖潇喜欢琴棋书画，唱歌跳舞，酷爱看书。大家亲切地叫她“小书迷”。然而，命运对肖潇十分残酷，刚上小学不久，她就患了“髓母细胞瘤”，这是一种极难根治的疾病。

乐乐老师知道后，脸上的笑容消失了，话语也少了很多。她常约肖潇的任课老师去医院看肖潇，常带着一帮孩子去医院给肖潇讲班里发生的故事，她知道肖潇喜欢看书，每次去医院，总不忘记带上一本。

在长达半年的治疗中，肖潇表现得非常勇敢。这一举动感染了老师和同学们。终于有一天，医生同意她上学了！她快活得像只小鸟，在家里“飞来飞去”，催促爸爸赶快把这个好消息告诉乐乐老师。乐乐老师兴奋得整夜未眠，思考着可以做点什么。

2月9日是新学期开学的第一天，全班同学在乐乐老师的带领下戴上帽子，拉起横幅“肖潇，欢迎你回来！”。罗紫月抱着鲜花送给肖潇，告诉肖潇她们永远是好朋友。同学们轻轻拍手，轻轻呼喊：“欢迎欢迎，热烈欢迎！……”肖潇激动不已，跑到讲台上向老师和同学鞠躬：“谢谢老师！谢谢同学们！我在医院的时候，特别想上学，特别想大家，特别想读书！我希望大家多多帮助我，帮我把落下的功课补上。”教室里响起热烈的掌声。

快乐的日子仅仅维持了半年，病魔再次将肖潇拉向死亡的边际。肖潇不得不再次回到医院，全班同学惊恐地与自己的伙伴告别，祝愿肖潇早日康复。

2004年9月22日，肖潇接受第二次脑瘤切除手术，乐乐老师带着同学们去医院看她。看见肖潇的身上插满了管子，大家眼圈都红了。肖潇看着乐乐老师眼角滚动的泪花，说道："朱老师，放心吧，我会好的，我还要上学呢。"乐乐老师赶紧说："当然，我们还等着你回来管理图书呢！这不，大家还等着告诉你班上的好消息呢！""就是嘛！……"转移了话题，肖潇和大家开心地聊上了。

手术后的时间过得特别漫长和艰难，术后感染害得肖潇在病床上一躺就是半月之久。肖潇八岁的生日临近，乐乐老师征得肖潇父母同意，决定在病房里为肖潇庆祝生日。

那是中秋节的前一天下午，乐乐老师带着肖潇的十几个好朋友出发了。她们辗转几路公交车后才到达肖潇的病房。拿出蛋糕，点燃蜡烛，唱起生日歌，送上小礼物……肖潇的脸上露出了久违的笑容。大家见肖潇的身体不能动弹，就让肖潇许下心愿，大家帮她吹蜡烛，还让肖潇最要好的朋友柏浅芷喂肖潇吃蛋糕。细心的柏浅芷一小勺一小勺地喂着，那样耐心，那样温馨，看得病房里的病友和家属都流泪了。

接下来的时间里，肖潇只能在家静养。有一天，肖潇突然特别想她的同学和老师，就在父亲的陪伴下来到了教室。同学们是那样的惊讶和兴奋。扶的扶，搀的搀，簇拥着肖潇走进了教室。当时正在上美术课，可兴奋的孩子们哪里还顾得上这些，呐喊着奔向乐乐老师的办公室："乐乐老师，肖潇来了！……"当乐乐老师来到教室的时候，教室里已经沸腾了，大家正围着肖潇嘘寒问暖。当乐乐老师告诉大家，肖潇需要安静时，教室里立刻鸦雀无声了。

出院后的日子过得很快，爸爸妈妈忙着带肖潇去她想去的地方玩，乐乐老师亲手做了肖潇最想吃的红烧鱼送到家中，和肖潇一起用餐，同学们轮流趁肖潇空闲在家的时间去陪她，为她表演节目。

一个多月的时光在大家的忙碌中转瞬即逝，肖潇第三次住进了医院，乐乐老师和肖潇的伙伴们跑得更勤了。他们亲眼目睹了肖潇的勇敢、坚强和执着；也亲眼目睹了病魔带给肖潇的痛苦和折磨。

时间真的很无情，肖潇再也没能回到大家的怀抱。2004年11月21日下午，肖潇被送进了医院的重症监护室。得到这一消息，正在老家为母亲祝寿的乐乐老师提前赶回了成都，带上柏浅芷去了医院，见了肖潇最后一面。11月22日清晨，肖潇带着对爸爸妈妈、老师同学的眷恋，对学校的渴望和对未来生活的憧憬永远地离开了大家。当乐乐老师哽咽着告诉孩子们肖潇离去的消息时，孩子们说什么也不愿意相信这是真的，有的放声大哭，有的大声呐喊：“肖潇，你不能走！”……

整整一天，窗外的小雨一直淅淅沥沥地下着，乐乐老师带着孩子们自制了小白花，写下祝福语，并把它们贴在肖潇的照片周围，祈祷她成为美丽的天使，祝福她在另一个世界健康快乐！

故事中的欧阳校长是我所见过的最纯粹、最无私的教育人，在锦西实小工作的几年间，她默默付出，无怨无悔。她是在48岁那年，因赶上30年教龄的特殊政策提前退休的。在她提出退休申请的时候，我反复劝她，希望她能留下来，但她觉得自己身体欠佳拖累了团队，执意坚持退休。其实，想留住欧阳校长，内心还有一个小小的愿望，希望她能用最后几年学校发放的奖金（注：2009年之前教师奖金是由学校发放的），改善一下生活环境。愿望没有实现。我们没能给欧阳校长什么，但她却留给了学校一笔宝贵的财富——教会年轻老师懂得爱，懂得怎样工作、怎样做人。锦西实小团队的纯净正是因为有这样的“领头雁”。乐乐老师是2003年调入锦

西实小的，原本优秀的她很快融入团队，并将爱的雨露无私地洒向孩子。肖潇离去后，肖潇的爸爸妈妈感动于乐乐老师与孩子结下的生死友谊，一直与乐乐老师保持着联系，如同家人。友谊，非但没有因为肖潇的离去而中断，反而更加深厚了。在锦西实小，像欧阳校长一样爱锦西实小，像乐乐老师一样爱孩子的老师太多太多了，灵魂深处的爱汇聚成一条溪流，浇灌得事业之树根深叶茂。

10 像磐石一样坚持

外在的坚持是内心信念的执守。在功利、浮躁盛行之时，教育人要坚守内心的平和、宁静，并以温柔的姿态守护教育的本真。

2006年4月，为迎接国家教育委员会到我校视察工作，成都市教育科学研究所的几位专家莅临锦西实小做前期工作检查。在学校的理念大厅，一位专家对学校“生命快乐”诠释的第六个方面“经受挫折的快乐”提出质疑：经受挫折快乐吗？人们在经受挫折时只有痛苦的体验，怎么会有快乐呢？

面对专家的质疑，锦西实小的办学人，大胆地做出了回应：“经受挫折的快乐，是指因为收获、因为成长而带来的愉悦体验。在经历挫折的过程中，或许并不快乐，但经历挫折之后，便有了收获，有了进步，这是生命中一种滞后于事件本身的愉悦体验。”

而事实证明，当下的教育最缺乏的，正是没有给予学生更多的挫折体验和经历。锦西实小办学人深深地懂得这一点，因而能在面对质疑时温柔地做出回应并坚持。锦西实小能从普通学校成长为家长信任的学校，正是得益于这样的坚持和回应。

故事1

上课时间绝不能调整

2009年，为推广“朝九晚五”工作制，成都市教育局要求全市中小学都要将学生上学的时间向后推延，统一规定第一节课的上课时间不得早于9:00。

一石激起千层浪，老师们对此规定议论纷纷。

支持者："早上可以睡懒觉啦!"

反对者："9 点才开始上课，什么时候才能放学，学生不饿坏才怪!"

在一片争议声中，周围很多兄弟学校根据上级要求，变更了作息时间。为了确保第一节课开课时间不早于 9：00，多数学校将上课时间进行了调整。而锦西实小，却在此时犹疑了，改还是不改？执行政策固然重要，但作为教育人，是否更应该思考政策是否着眼于学生的终身发展？是否能为学生一生的幸福奠基？若是，肯定执行。若不是呢？

接下来的几天，锦西实小教育人对全校学生及附近的交通状况进行了详尽的调研。

在走访了各班的家长代表之后，学校向全体学生下发了调查问卷，调查问卷中涉及居家环境、作息、交通等方面的若干问题。调查问卷回收后，学校对问卷进行了完全统计。调查发现，距离学校最远的家庭，即便学生步行上学，也不会超过 25 分钟。换而言之，学生不会因为 8：30 开课而起早贪黑。即使学生 7：30 起床，所有学生也能确保 8：30 以前按时到校。而依据 7：30 起床反推学生睡眠时间，若保证 9 小时睡眠，应该在前一天晚上的 10：30 休息。对于 12 岁以下的孩子来说，晚上 10：30 睡觉有点晚，已经是不利于健康了。若学生晚上 9：00 睡觉，6：30—7：00 之间起床完全能保证其充分的睡眠时间。

"一日之际在于晨。"纵览古今，没有哪个优秀的民族会纵容国民的慵懒，只有懂得惜时如金，明白奋进勤勉的一代才有望成为中华民族未来的脊梁。

对此，锦西实小人对规定再次质疑：8：30 上课尚早乎？

再看看当下小学生在校的一日生活，现行的阳光体育锻炼时间——每天 30 分钟的大课间，安排在上午四节课的中间，即第 1、2 节课和第 3、4 节课之间，是完全合符学生的生理和心理需求的。在上完两节课之后给学生一个充分活动的时间，通过适度和适量的运动，会让学生将在第1、2节室内课中积聚的疲惫和一些负面情绪释放出来，会让生命在经历了活动之后迎来身心的愉悦，以一种崭新的姿态去完成第3、4节课的学习任务。这样的安排非常科学。

思考到这个层面，锦西实小人心中有了底气：学校的办学理念——“生命为本”，不能是一纸空谈，学校办学应从促进生命成长的角度考虑而谨慎行之。即便调整也要遵从生命发展的需要，让学生身体健康、心理健康，以培养学生积极向上的生活态度为根基。

六年的小学生活，必须为学生优秀而快乐地成长奠定基础。

于是，在几乎全市的小学都对早上作息时间做出调整的情况下，锦西实小选择了坚持。而且这样的坚持，从未改变！

故事2

教材的作用究竟何在

说起锦西实小的语文教学，金牛区的同行们没有经过任何约定，达成了两点共识：一是锦西实小的语文课对教材的解读有深度，教学设计独具匠心；二是锦西实小的语文课业负担轻，却成绩优异。因此，每逢金牛区赛课，同行们都看好锦西实小，各校语文老师更是会挪出时间前往听课。

2011年3月，锦西实小的两位老师——陈明华、赵惠芸，以绝对的优势进入了金牛区赛课活动的决赛。当时，我受成都市教育局派遣，前往新加坡参加为期一个月的交流访学活动。一天下午，我收到赵惠芸老师发来的短信，告知我评委们对她的课不认同，认为尽管教学效果非常不错，但教师对教材取舍太大。不是说参加比赛就一定要争高低，但是，在课堂上学生的生成和收获才应该是评课的主要依据啊！在访问了华侨中学（以下简称“华中”，华中由陈嘉庚先生创办，是深受海外华侨、华人推崇并享有较高声誉的优秀学府）后，作为一个资深的小学语文教育人，我当天晚上写下一篇文章，对评委的评判提出质疑。

有感于“取舍太大”和没有教材

一周之内，戏剧性地经历了两件事。

第一件事

下午5:32，徒弟赵惠芸从国内发来信息：“师傅，我的课上完了，成绩一般，争议很大。杨明老师对我的课很认同，所以去问评委给该成绩的原因。评委的回答是，对于三年级的学生来说，教材取舍太大！师父，让您失望了！”

短信中满含迷茫、郁闷与深深的失落。早在下午三点多的时候，副校长陈颖还给我发来短信，说赵老师的课“大气，沉稳，抓住了重点语词，品析深刻”。说实话，对于赵老师的课，我是有把握的，不论是偏向工具性的评委，还是偏向人文性的评委，都不应当对该课有太多的争议。没想到结果竟出人意料，成绩平平。更好笑的是，评委给出的理由居然是“对于三年级的学生来说，教材取舍太大”。

第二件事

上午10:00—11:30，新加坡华中侨副校长为我们介绍该校的高中课程。课程设置对于我们这些习惯了整齐划一的学校来说，真的有些复杂。于是便成为一边介绍，一边为我们答疑。该校属于新加坡自主学校之一，因此在教育教学的改革上总是走在前沿。当介绍到学校的“特选课程”（为学业优秀的学生设置的课程）时，我们便很自然地提到“教材是不是学校自己编写”。此话一出，副校长就笑了：“我们没有教材啊，教什么都由老师自己决定。”

“您是说特选课程没有教材?”我们继续追问。

“不，我们华中是从初一开始任何一门学科都没有教材。其他的学校初中有教材，高中没有教材。”

在接下的交流中我们知道，教什么、怎么教是教师自己的事，由教师决定。教师教什么的依据就是教育部颁发的统一的课程标准。而很多学校之所以是好学校，很大程度取决于教师的创造。

我不知道新加坡的人怎样评价一堂好课，我也不敢说华中的课就一定有多好。但是，该校超过300名学生进入英国剑桥大学，是新加坡两所被剑桥大学录取外籍学生最多的学校之一，这至少可以说明其教学质量是不错的。然而，华中没有教材。我想，在他们的课程评价体系中，肯定没有“是否对教材取舍过大”的评价。不看课堂上学生的生成，不看课堂上学生学习的状况，不看学生课堂上究竟收获了多少，却以“对于三年级的学生来说，教材取舍太大”为理由而否定了赵老师的课，在新课程标准已经推行了十几年的教育界来说，未免有些让人不解。

如今，提倡用教材教，而非教教材。我们所谓的“专家们”还会认为我们对教材的取舍太大是不合适的。让学生达成教学目标才是我们的根本，如果现行教材不能帮助我们很好地达成教学目标，我们为什么不能取舍、替换呢?

新加坡华中没有教材，同样参加每年由教育部举办的全国统一考试，还不是照样年年优秀。华中的教师们依据教育部颁发的统一课程标准创造性地实施教学，不仅构成了华中的特色，还成为华中取得优异教学业绩的关键所在。

我觉得，获奖本身并不重要，重要的是通过一次活动我们要传递什么信息。通过一次活动是否能将语文教学的研究与导向更明晰地传递给教师，最终惠及我们的学生。学生学得快乐、轻松而专注的课居然不被认同，那被认同的应该是什么样的课呢？这样的导向会对教学有所帮助吗？

文章写于2011年4月5日，文中有些用词确实过于犀利，但不得不说是切中了当下学科教学的要害。各级各类赛课在20世纪80年代就开始盛行，但是，有多少赛课能够走入“平常百姓家”，化作常态课呢？如今，人们对各级各类赛课的热捧一天天降温，以至于有些赛事无人问津，不得不说是一个值得教育人深思的现象。

辞去锦西实小校长职务三年后的2014年，我将以锦西实小11年语文教学实践为蓝本生成的“语文快乐也轻松——整体语文教学策略及全能型教师培养方案”梳理完毕，其由主项目、基本项目和保障项目三大部分组成。其中，主项目涵盖的九大策略，让我们清晰地看到学生在课堂上是如何做到高效学习的，并为锦西实小如何做到“负担轻，学业佳”做了明晰的回答。我想，如果不是基于“教学事实”的坚持，就不可能有“语文快乐也轻松——整体语文教学策略及全能型教师培养方案”的出炉。同样，如果不是锦西实小人在办学中基于“教育本真”的坚持，就不可能有今天的锦西实小。教育和办学，二者最经不起的就是“冷热病”，就是“跟风”，外在的坚持需要内心信念的执守。作为办学者，只要我们坚信我们的做法是基于学生成长的需求，遵循了教育、教学规律，就必须坚持，姿态可以温柔，但原则绝不可让步。

11

分享不是一种形式

所谓分享，不仅仅是欢喜时的同乐，更是忧伤失败时的陪伴与分担。分享不是某一时刻的突然想起，而是生活平常间的几分牵挂，小别后的几分想念与期许。

“分石榴喽！又大又红的石榴！”周五放学后，学生一走完，锦西实小开心大男孩——朗哥便大声地吆喝起来。听到朗哥的吆喝，各年级纷纷派教师代表赶到学校门口。门卫室旁，整整齐齐堆放着十箱石榴。从2003年起，每年10月，锦西实小人都会有这样的分享。石榴每次10箱，每次在石榴送达的时候，我都会将石榴与团队中所有的成员一同分享。

其实，锦西实小人像这样的分享有很多——

暑假来临，学校给每位教师准备一罐辣椒酱，让教师们在漫长的假期中时时有个念想。

每年的冬至，学校早早买回两只羊，请来所有的教师家属，大家热热闹闹共度节日。

“三八”妇女节，女同胞一人做一道拿手好菜，几十道菜摆满八张乒乓球桌，乒乓球场成了“锦西实小美食广场”。

所有外出培训的教师，总会为全校教师带回当地的特产，哪怕是一片小小的土豆片，哪怕是一块小小的山楂糕……

刚开始，分享是在教师与教师之间，渐渐地，这样的分享延展到教师和学生之间，延展到学生和学生之间。渐渐地，分享已经不仅仅局限在“物”的层面，而扩展为锦西实小人欢喜时的同乐与忧伤时的分担、陪伴。

故事 1

晶莹的雨花石——谢老师送给学生的礼物

我是一颗小小的石头，
深深地埋在泥土之中！
我愿铺起一条五彩的路，
让人们去迎接黎明，迎接欢乐！

上课铃声响过之后，被大家称为“百灵鸟”的语文老师谢薇，哼着歌儿，捧着装有半缸水的玻璃缸走进了教室。学生自发地站起来，欢呼声、掌声，经久不息。

和学生分别将近一个星期了，今天是谢薇老师从南京学习归来返校上课的第一天。

“孩子们，一个星期没见到你们了，你们一定在想老师给大家带回了什么礼物吧？猜猜看，给你们三次机会。”

刚刚安静下来的课堂瞬间又热闹起来。

“鸭子！南京的盐水鸭全国有名。”

“怎么可能呢？盐水鸭带回来不好分，一定是鸭脖。一人一块正好。”

“你们就知道吃。我猜啊，南京是古都，老师一定给我们带回了有纪念意义的书签。”

“我还是觉得应该是糕点什么的，谢老师知道我们都是‘贪吃鬼’。”

……

说是三次机会，可学生的话匣子一打开，又怎么收得住呢？于是，谢老师微笑着提醒：“想想我刚才唱了什么歌？歌中有答案！”

“石头！”

“对，是石头！肯定是石头！”

恍然大悟后的学生因为猜出了答案，而兴奋不已。

“是的，是石头。但不是一般的石头，是南京特产的雨花石！”

在肯定了学生的答案之后，谢老师从包里拿出一个布袋，轻轻一抖，一堆红色的小石头滚落到讲桌上，每一颗都晶莹剔透。

谢老师从这堆红色的小石头中随意捡起一颗，拿在手上，微笑着告诉学生：“这次到南京学习，老师抽时间游览了南京的雨花台。雨花台是一座松柏环抱的秀丽山岗，是历史悠久的名胜古迹，有郁郁葱葱的山林，有驰名中外的雨花石。雨花台已有3000多年的历史，由于是南京城南的一处制高点，所以成为历代兵家必争之地。南宋金兵南下，抗金名将岳飞在此痛击金兵；此后的太平天国‘天京保卫战’，辛亥革命‘讨伐清兵’，抗日战争‘南京保卫战’，都曾在此掀起连天烽火。1927年以后，雨花台沦为国民党杀害共产党人和革命志士的地方。新中国成立后，便在这里建起了气势雄伟的烈士纪念建筑群。据说，雨花石的红色，就是革命烈士的鲜血染成的。”

说着，谢老师将手中的一颗雨花石轻轻放入玻璃缸中。雨花石在水中缓缓下沉，最后，静卧在缸底不动了。

接着，谢老师又捡起第二颗、第三颗……随着雨花石一颗颗被放进玻璃缸中，水慢慢被映红了。当讲桌上的雨花石都被放进玻璃缸时，水已被映得鲜红。

“同学们，刚才老师走进教室唱的歌，歌名叫《我是一颗小小的石头》，是一部电视剧的主题曲，而这部电视剧，就是根据在雨花台牺牲的烈士们的故事改编拍摄的。”

原来，好听的歌背后还有那么感人肺腑的故事。跟随着谢老师，学生都轻轻地哼唱起来——

我是一颗小小的石头，
深深地埋在泥土之中！
我愿铺起一条五彩的路，
让人们去迎接黎明，迎接欢乐！

歌声中，谢老师将雨花石一颗颗捡起，送到学生手中。学生将雨花石轻轻捧在手心，无比珍惜，而歌，也唱了一遍又一遍。

当最后一个学生的礼物送达后，谢老师回到讲台，又从包里拿出了一个小布袋，打开布袋，是一堆彩色的小石子，每颗小石子都用一条红绳穿着。

“同学们，雨花石不仅仅只有红色，它的颜色有很多种。关于雨花石还有个传说：相传南京雨花台有座雨花观，观中有位雨花真人。一天，他开坛讲经，天上的神仙听到后非常感动，于是作法降下一场五彩天雨，晶莹的雨水大珠小珠一般溅在雨花台上，变成了璀璨缤纷的雨花石。其实，雨花石形成于距今约 250 万年至 150 万年之间，地壳喷出的岩浆四处流淌，凝固后留下孔洞，涓涓细流沿孔洞渗进岩石内部，将其中的二氧化硅慢慢分离出来，逐渐沉积成石英、玉髓和燧石或蛋白石的混合物。它的形成历经了复杂而漫长的过程，可谓历经沧桑。”

接着，谢老师将各色的雨花石项链给学生戴上。一次外出学习之后的礼物赠送已接近尾声。项链不仅戴在了学生的脖子上，也戴在了他们的心上。有了这样的熏陶，这样的植入，相信终有一天，学生会拥有雨花石般的坚韧，人生也能如雨花石般绽放异彩。

故事 2

牵引我走出困境的手——何老师赛课失败之后

何娟老师，是 2005 年被刘本梅老师吸引而加入锦西实小的。2006 年 4

月5日，是何娟老师经历的既痛苦又难忘的日子。这一天，何娟老师作为锦西实小教师代表参加金牛区青年教师课堂教学大赛，由于过分紧张，一堂课连续出现了几次失误，决赛以失败告终。面对失败，锦西实小所有的同伴，包括学生都陪在她身边，为她分担痛苦，为她抚平哀伤。经历了失败的何老师事后将团队带给她的温暖用文字记录了下来。

《千手观音》领舞邰丽华用手语告诉我们：爱是我们共同的语言，只要心中有爱，只要心地善良，就会伸出一千只手去帮助别人，也会有一千只手来帮助你。在我最落寞的时候，就有这样的手牵引我走出困境。

2006年4月5日，我忐忑不安地踏上金牛区青年教师课堂教学大赛（决赛）的讲台，在短短的几十分钟里，上了一节有生以来最失败的数学课。由于过分紧张，我竟然忘记了设计好的教学环节，在教学过程中连续出现失误。铃声响起，我不知道自己是怎样走下讲台，怎样从人们的目光中消失的。

走出赛场大门，我想找个角落躲起来，似乎这样就能让人们立即忘掉刚才的那节数学课。但当我抬眼望去时，看见学生和伙伴们正在车上等我。看到我后，大家一下子围了上来，向我伸出一双双温暖的手……我泪如泉涌，无言以对。

接下来的日子，每当夜深人静，我心中总有一些东西想写下来，虽然它散发着失败和失意的味道。在我失意之时，朋友们将人性中最美好的花儿撒在我的生命中，它们悄然盛开，并散发出宽容、团结、鼓励的香味。于是，我想用文字将这些含泪盛开的小花奉献给锦西实小的朋友们，想让这些宽容和理解的枝条沿着岁月的额头亲密地攀缘上升。

我相信缘分，也相信一见钟情，对锦西实小，我就是一见钟情。我曾无数次地对自己说一定要为锦西实小做一些自己力所能及的事情，怀着这并不伟大的志愿我顺利地进入了金牛区青年教师课堂教学大赛的决赛。随着决赛的临近，我的心情无比沉重，担心自己的成绩影响锦西实小，担心同事们辛苦创建的锦西实小的业绩因我的失败而失色……于是，在那段时间里，我挑灯夜战为决赛做准备。在那些日子，李校长常常对我说：“何娟，别熬夜，别让自己背上重重的壳。”面对这样善解人意的校长，我更害怕失败！过重的心理负担、急于求成的心理、疲惫不堪的夜战……似乎注定了这次的失败。

“感恩的心，感谢有你，伴我一生，让我有勇气做我自己……”这首歌不经意间跃上心头。赛课之前和赛课之后的经历，让我明白了“人”字为什么是一撇一捺——人与人之间是需要关爱、需要彼此支撑和扶持的。4月5日清晨，我只身前往赛场做准备。在焦急的等待中，传来吴黎老师安慰的话语：“何老师，你别着急，我们马上就到。”不一会儿，李校长和我的伙伴们风尘仆仆地带着学生们来到我身旁。大家纷纷行动起来，有的替我拿教具，有的为我拿小黑板，有的为学生安排座位。那一刻，我感到自己是一艘承载着希望的疲惫的航船，在泥泞的河滩艰难地航行。事后我才知道，大家还因公共汽车上演了惊险、团结的一幕。眼看上课时间到了，事先约好的公共汽车却出了状况，不能准时过来。怎么办？李校长决定用学校的面包车将五十几个学生陆续送到赛场。但这样往返，时间又不够。情急之中，李校长带着杨怡、吴黎、赵勤勤、严宇燕等几位老师跑到大街上，准备拦截过往的公共汽车。在焦虑的等待中，终于来了一辆车，几位老师跳上车，请求司机将学生送到赛场，司机却拒绝了。而后，几位老师又分成两路拦截车辆。精诚所至，金石为开，大家终于拦截了一辆公共汽车，将学生准时送到了赛场。然而，这一切却没有人告诉我，没有一个人向我传递会影响我赛课的信息。“别着急，我们马上就到”这句朴实的话语让我学会在他人面临困难的时候，首先要鼓励他人，要将信心和希望传递给对方，要把自己的微笑化作抚慰别人的一缕清风。

大家的宽容和安慰让我更加自责。赛课失败之后，李校长微笑着安慰我：“何娟，没什么，一节课也不能代表一个人的能力。只要你尽力了，没有什么可难过的。”在我的情绪稍稍稳定后，李校长诚恳地指出了她对我这节课的一些看法和建议，并再一次将这节课有滋有味地上给我们看。在场的所有老师都为李校长这节朴实的数学课而惊叹，都被李校长回归课堂本色、用数学让学生更聪明的观点折服。李校长的一番话语，就像黝黑山麓中的一盏灯，让迷茫的我看清了前进的方向。在情绪低迷期，没有一个人指责我，亲爱的伙伴们为了安慰我，还特意抽时间陪我。校园的凉亭中，留下了陈颖老师善解人意的话语“进入决赛，你已经为学校争得了荣誉”。而严宇燕老师那句“我不能指责赛课的老师，那样太残忍了……”更让我感动不已。

亲爱的伙伴们，你们知道吗？在你们的宽容和安慰里，我无比自责和愧疚。但是，我相信，一个人一生不可能一帆风顺，前进的道路上除了有鲜花，还应该有荆棘。

在我为这次失败垂头丧气的时候，是你们向我伸出了援助的手：用一双双手为我指引前行的道路，用一双双手温暖我的心灵……

是啊！只要心中有爱，只要心地善良，就会伸出一千只手去帮助别人，也会有一千只手帮助我们。

通过何娟老师的文字，我们看到，锦西实小人的分享不仅是只言片语的安慰，而是整个团队每一个成员真诚的心灵陪伴与付出。

谢薇，2005年调入锦西实小，同意谢薇老师调入锦西实小，只是基于跟谢薇老师的一次短暂交流。当谢薇老师谈起曾经的学校和学生就情不自禁地落泪时，我便知道，这是一个优秀的老师。谢薇老师对学生时时牵挂、时时浸润，深得学生和家长喜爱，被称作“锦西实小金牌班主任”。何娟老

师，在2003年因为无意间看到刘本梅老师随手将倾倒的花盆扶起而萌生了调入锦西实小的想法。两位老师来到锦西实小后，迅速地爱上了锦西实小，爱上了锦西实小团队，她们感受到团队给予她们的关爱，也将关爱时时传递、分享给他人。在锦西实小，谁家有急事，就一定会成为大家的急事，谁家有困难，就一定会成为大家的困难，所以，凡是在锦西实小的人，时时会感受到关怀与照顾，因为分享，团队越发具有凝聚力。生命在本质上是与周遭万物相连的，锦西实小的成长，正是顺应了生命的本质之需。我想，这也应该是任何一个团队引领者都必须遵循的，不设藩篱，不设沟壑，让生命与生命连接。

12

这样的淡然 你做不到

淡然是灵魂的圣洁，是面对众星捧月时的孤独守望，是超越名又利之上的宁静耕耘。

每年的八月中下旬，是金牛区教育局每年一次的干部暑期培训。2007年的培训地点定在绵阳市。吃过早饭，200余名参培人员赶到会场，培训会的开幕式将在8:30准时开始。

所谓开幕式，其实是很简单、很简短的，也就是在正式培训之前告知为期两天的培训安排，局领导向参会人员提出培训要求，提醒大家一些注意事项。

一切都按部就班地进行着。30分钟后，开幕式结束。时任金牛区教育局局长李沛坐在位置上没有离开，而大会主持人也让大家等一会儿。这可是开幕式上从来没有过的事情。会有什么事呢?

局长的讲话为大家揭开了疑团：“本年度金牛区将在教师节来临之际首次表彰区优秀校长6名。通过前段时间申报汇总的材料来看，有些校长非常优秀，却没有申报。为选出我区最具代表性的优秀校长，现在请全区校级干部无记名投票，因为大家工作在一线，对彼此的工作最为了解。”

拿到选票，我填写了6位自己崇敬的校长之后，离开了会场。

下午的培训结束后，教育局党工委办公室主任告知我在上午的无记名投票中我被选为“区优秀校长”。知道结果后，我再一次向领导表达了内心的想法：“我刚刚通过了四川省特级教师的评选，金牛区优秀人才很多，不能将荣誉集中在少数人身上，因为单凭‘少数人’是做不好教育的，只有更多人优秀了，教育才有希望。”

其实，在民主票选之前，我已经两次接到领导的提醒，希望我向教育局提交材料，申报本次区优秀校长评选活动。但每次我都向领导说明了自己不申报的理由。

原以为，只要个人不申报，这事就过去了，没想到自己又被“榜上有名”。这一次，教育局的意思很明确，既然是大家投票选出来的，任何人不能以任何理由拒绝。没办法，在暑期培训结束返回学校的第二天，我向金牛区教育局提交了一份简单得不能再简单的个人介绍。

或许，这样的“被当选”在他人看来是奇事，。但是在锦西实小，却有太多这样的“被当选”。

故事 1

改了三次的工资表——缘于“小高”职称的互相谦让

“你们锦西实小到底在搞什么名堂，一张工资表反反复复改了好几遍?”连续几次之后，金牛区教育局计财科终于“发火”了。

难怪计财科的同志生气，一张工资表已经反复修改了三次，教育局对各校调整工资的统计要因一所学校的改变而改变，如此反复，怎能不生气呢?

一张工资表为何修改三次?

问题出在锦西实小的两名数学老师——严宇燕和董莉身上。

学校因教师总人数的增加，在原有基础上可增加 1 名小学高级教师名额。按照竞聘的制度和流程，最后在两个得分最高的老师——严宇燕和董莉之间进行全校教师无记名投票。

严宇燕，1986 年中师毕业参加工作，2004 年进入锦西实小任代课教师，截至 2008 年已经工作了整整 22 年。严老师不仅工作认真、勤勉，而且教学成绩优异，以不凡的爱心和耐心赢得家长和同行的高度赞誉，所带学生习惯优良、成绩优异。

董莉，天生为小学数学而生，英语专业毕业的她从事数学教学却如鱼得水，2001年参加工作，代表学校参加了若干赛课，且成绩斐然，2004年起担任学校数学教研组组长，是学校优秀青年教师的杰出代表，所教学生以“思维活、广、实”著称。

从教学效果看，两人都是学校的佼佼者，且各具特色，要在两人之间比高低，真的很难。

最后的投票结果，严老师得票最高，学校职称评定小组便将严老师确定为“小学高级教师”，工资上调一级。

可学校刚把调资资料交到金牛区教育局计财科，严老师就让学校犯愁了：“校长，锦西实小一直是我向往的地方，能够成为锦西实小的一员，是我的荣幸。我非常感谢大家能够接纳我，可我到锦西实小的时间不长，这次评选小学高级教师，虽然我的工龄最长，但我需要学习和适应的东西还很多，我绝对不能占用一个名额，请把这次机会让给其他老师吧。”

拗不过严老师的恳求，仔细想想也有道理，若董老师能竞聘为小学高级教师，一来能为学校年轻教师们树立一个标杆，二来能让大家知道，锦西实小的小学高级教师竞聘绝不是“论资排辈”。于是，我找来财务人员，告知其由董老师递补严老师退出的名额，聘为小学高级教师。

工资表做了第一次改动。

没想到下午刚上课，董老师也找来了：“校长，这怎么行啊，严老师是大家投票选出的小学高级教师，怎么能换成我呢？我还年轻，以后有的是机会，我觉得既然学校有规定，大家就应该遵守，我绝对不能占严老师的名额。”

听了董老师的陈述，觉得也有道理，严老师的教龄比董老师整整多出15年，而且两人的教学效果都不错，这样看来严老师更适合。还是坚持让严老师竞聘小学高级教师吧。

工资表做了第二次改动。

下午 4:00，在校长办公室，我再次遭遇“唇枪舌剑”。这次来的，不是一个人，而是两个人——严老师和董老师。在听到小学高级教师名额又回到自己头上后，严老师索性将董老师一起拉来找我“断公道”。

严老师说道：“在锦西实小代课几年，我终于有机会正式调入锦西实小，梦寐以求的愿望成了现实，我已经很满足了。虽然我的教学效果不错，但董老师作为学校数学教研组组长，上了许多教学研讨课和示范课，对学校的贡献很大，所以小学高级教师的名额，应该属于她。”

董老师反驳：“你们年轻的时候还不是一样上过很多研究课、示范课。既然大家的教学效果都不错，那就应当以教龄作为标准。你 1986 年工作的时候，我还在读小学二年级呢！哪有学生跟老师争名额的道理。不行，这个名额必须给你。”

严老师急了：“我上个月才办了正式调入锦西实小的手续。如果小学高级教师竞聘是在上学期期末的话，我连入围的资格都没有。学校对我那么好，解决了我的编制问题，我怎么还能跟年轻骨干教师争抢今年唯一的小学高级教师名额呢？”

说完，严老师哭了。

办公室瞬间沉默了。沉默中，我拥抱了严老师，拉起董老师的手，最终将晋升小学高级教师的人员确定为董老师。

工资表做了第三次改动。

严老师成功地将小学高级教师的名额让给了比自己年龄小、教龄短的董老师。一张多次修改的工资表成了两位老师淡泊名利的最好见证。

“被迫当选”的董老师怎么办呢？聪明的她自有妙招。小学高级教师工资兑现的当月，董老师将自己工资提高的部分全部取出，买了各种小食品在周例会上宴请大家。这样的宴请一直坚持到第二年 10 月严老师被聘为小学高级教师。

故事2

“优秀”面前的退却

——记“5·12”汶川地震后的先进个人评选

2008年5月12日下午，老师们像往常一样忙碌着。

“咦！怎么桌子在晃呢?”

“凳子也在摇。”

“快看饮水机!”

“地震了!”

不知是谁的一声高呼惊醒了大家。

刘蕾老师身材娇小、身体柔弱，本不善奔跑的她，却以百米冲刺的速度，在最短的时间里从办公室冲到了教室，与正在上数学课的李老师一起带着学生快速撤退到操场。

张蔚老师的办公室在二楼，教室却在三楼，她突破了下楼人群的层层“封锁”，终于挤到了教室门口，看着空空的教室，才长舒一口气。突然，她又眉头紧锁，奔向四楼。因为空荡荡的教室让她刹那间回过神来，自己的学生在五楼上音乐课呢。再次突破从四楼下来的人群，往五楼奔去。刚上四楼，与已带领学生往楼下撤退的叶老师相遇，两人合力，一前一后，护送50多个学生顺利到达操场。

朱文乐老师和韩焕君老师分别从自己的办公室跑出来，奔向同一间教室。因为他们都任教于五年级（4）班，一位是班主任，一位是副班主任。带着学生到达操场后，朱老师立刻清点人数，发现少了8个学生。哪去了呢?“韩老师，你守着孩子们，我再去找!”还没等韩老师回答，朱老师已向摇晃的教学楼奔去。

地震时正在上课的赵惠芸老师先大声下令："快躲到桌子下面。"几秒钟后，她发现撤退是上策，但剧烈的摇晃一直在持续，人根本站不稳，于是组织学生从四楼匍匐着下到一楼。

办公室的老师们无一例外地奔向了教室，教室里的老师们正带着学生撤向操场，大家都汇入保护学生的队伍中。队伍越来越庞大，有人在过道维持秩序，有人在楼梯口搀扶学生，有人在顶楼和厕所等死角排查遗漏人员……在这地动楼摇的紧急时刻，大家的内心却前所未有的镇定，一千多名学生在短时间内安全有序地撤离了教学楼。

突然降临的灾难，让锦西实小的所有人接受了一次考验，人人都是满分获得者。

地震之后，金牛区教育局要求学校评出两名抗震救灾先进个人，大家首先想到了在教室里上课的老师，是他们带领学生在第一时间安全撤离的。可他们却说，他们只是做了应该做的，奖励应该给那些在办公室里还不忘学生安危，奋不顾身冲向教室的老师们。你推我让中有人建议把奖励给陈灵老师，是她带领学生从最危险的五楼"爬"下楼的。陈老师却说，奖励最该给第一时间为学生做心理辅导的荣老师。荣老师又说，奖励应该给在五楼的水箱倒塌之前，果断将聚集在校门口的学生绕道带领到操场的李正平老师……

就这样，危险面前毫无惧色的老师们在"优秀"面前却退缩了，你推我让，人人都是先进，人人都让先进。怎么办？幸好当天周例会时林老师和罗老师外出培训，于是两个"不知情的当事人"被推选为锦西实小抗震救灾先进个人。

后来，两位"不知情的当事人"用奖金宴请了所有的老师。大灾面前显大爱，荣誉面前更淡然。

第一个故事中的两位老师这样推让，千万不要以为她俩家境很好。严老师是一个单亲妈妈，靠自己的精打细算维持着朴素的生活。董老师靠自己慢慢积攒，直到2010年才凑够了一套两居室的首付款。她们在荣誉面前的淡然，金钱面前的淡定，成为锦西实小的美谈，成为金牛区教育界的佳话。第二个故事发生在“5·12”汶川地震之后。在“5·12”汶川地震报道中，我们知道，教育界出了一个“范跑跑”。锦西实小的老师们聊起这件事，都感觉是不可思议。大家都说，地震来临时，内心其实是一点儿畏惧也没有的，跟学生们在一起，纯属自然的行为。在后来停学一周的时间里，锦西实小的老师们在校门口搭建了募捐台，设置了募捐箱，一周的时间为灾区筹集善款10多万元，并利用家长的大卡车、越野车，每天往返于都江堰市、什邡市等灾区，为灾民们送水、衣物和食堂自制的白面馒头。

在锦西实小工作的11年，是最没有“人事烦扰”的11年，无论是职称晋升，还是评优选模，都没有发生过任何不愉快，哪怕是一点点不高兴都没有。在这点上，我要深深地感激锦西实小团队。工作抢着干，荣誉争着让，一人得奖众人享，是锦西实小团队的鲜明特质。正是这样的特质，成就了锦西实小“生命为本”的教育的传奇，以至于在走过之后有一份真正的成就为生命献上厚礼，一切的名利终将远去，而一个团队的崛起才是恒久的收获与荣耀。

13

管理的精细化就是在习以为常处下功夫

生命成长于细微，管理的精细化便是在那些习以为常处，在那些我们容易忽略和遗忘的细节处着力。

如果你曾到过锦西实小，并在学生午餐的时候到教学楼漫步，你一定被深深地感动过：1300多人就餐，听不到丝毫的嘈杂声，就连饭勺轻碰碗碟的声音几乎都听不到，舒缓的音乐中，全校师生优雅地进餐。置身其间，你会瞬间轻松下来，会打心眼里喜欢这所学校，喜欢这里的学生和老师，喜欢这里的一切。珠海容闳学校的陈青校长在亲历了这样的宁静，又见证了学生在课堂上敏锐的思维、流畅自如的表达之后，深深折服于锦西实小教育的神奇。

当这样的神奇化作锦西实小校园生活的常态，你会不会有诸多疑问升腾在心间：锦西实小是怎样一步一步培养出这样的优雅、这样的常态的呢？翻阅锦西实小的常规手册，你会明了一切。

锦西实小常规手册分为“锦西外国语实验小学学生一日常规”和“锦西外国语实验小学学生课堂常规”两个部分。每一常规又分成四个部分：常规名称、常规要求、常规教育价值和培训建议。千万不要以为锦西实小的常规就是生硬地规定学生不准这样，不准那样。相反，它会详细地告诉学生事情的每一步应当怎么做。以刚才的“午餐”常规为例，在手册中会读到这样的文字：

午餐要求：

1. 排队洗手，安静有序。

2. 两名午餐值日生协助老师推餐车。

3. 按统一方向流水依序盛饭，餐前静心阅读。

4. 饭菜备齐后，全班同学起立致谢后静悄悄就餐，周一、三、五用右手吃饭，周二、四用左手吃饭。

5. 一餐饭一张纸，纸一分为二，用餐过程中不掉饭粒，有调料或骨头放于纸上。

6. 餐后值日小组清理餐具和教室，其余学生到操场散步。

7. 各班所剩饭菜不超过一碗，用餐后碗筷整齐堆放并将餐车送回。

为什么要这样做呢？可以从“常规教育价值”中寻找到答案：

1. 流水分餐，既有序又快捷，也避免浪费时间。

2. 自主分餐，从生活入手，做生活、生命的主人。

3. 左右手轮换使用，让大脑的两个半球都能得到锻炼。

4. 节约的美好品德在生活的平常细节中浸润。

5. 尊重每一个为我们服务的人。

如果说“常规教育价值”回答了为什么要这么做，那么“培训建议”则告诉所有的人实现的路径在何方：

1. 新生年级的第一天进餐是关键，教师在分餐的每一个环节都要精细、到位。

2. 坚持一个月，规范进餐的习惯就能养成。

3. 良好的行为习惯需要慢慢培养，但也离不开监督与提醒；全班学生轮流担任“午餐管理员”，体验为团队服务的快乐，内化自己对常规的认识。

4. 每周抽出一天进行强化。

5. 每学期开学第一周是强化巩固关键期。

当然，如果你认为这样就能达成“常态的优雅”就错了，这还远远不够。学校每月、每学期都会评出“常规之星”，并颁发奖状，每一张奖状都会贴上一张小卡片，小卡片上是各“常规之星”的颁奖词。

优雅进餐小明星——饭前洗手，流水分餐，餐前致谢，餐中安静专注……每天的就餐，都是一次修身精进。孩子，一个人的修养就彰显在一日三餐里，多么高兴你能明白，更能认真践行。发现了吗？优雅进餐的你，朋友们更加喜欢，亲人们以你为荣。

礼貌问好小明星——"老师，您好!"甜美的声音在我的耳边响起，多好啊！孩子，我相信你一定也把这甜美的声音带给了在学校相遇的每一位友人，带给了生活中你的亲人、你的朋友。多荣幸成为你的老师，可以享受这蜜糖般的温暖。

……

当这样的文字随着一张张奖状进入每一个家庭时，教育的魅力也随之突破学校的围墙与学生的成长时时相伴了，锦西实小的学生的优雅又怎能不成为"常态"呢？2014年，85岁高龄的著名教育家顾明远老先生写下文章《中国教育路在何方》，老人在文中阐明了其对教育的四个基本观点：

1. 没有爱就没有教育。

2. 没有兴趣就没有学习。

3. 教书育人在细微处。

4. 学生成长在活动中。

了解了锦西实小，走进了锦西实小，你会发现，顾明远老先生的四个观点，锦西实小正以实例一一印证。

故事1

突然召开的紧急会议——德育践行不到位惹的祸

第三节课下课铃声刚刚响起，广播里便传出召开紧急会议的通知，奇怪的是，通知参会的人员为全校女教师。

不到两分钟，全体女教师便都到达了三楼会议室。大家看到我一脸严肃，面前摆放着一包女性生理期使用的卫生巾，不由地疑惑起来。"第二节课课间，在二楼女厕所的卫生纸篓里，发现了一片用过的卫生巾。”

发现卫生巾，很平常啊，不要说学校有那么多女教师，就是五、六年级的女孩子，大多也到了来例假的年龄，就为这召开紧急会议？从大家的眼神中，我读出了疑问。

“但是，这换下的卫生巾，并没有折叠装袋，而是被直接扔在了纸篓里。”从我严厉的口吻中大家已听出了责备。

“今天，咱们学校没有任何教研活动，就是说没有学校以外的人到学校来。昨天，保洁员已经将所有的卫生纸篓收拾干净。那就是说，这没有折叠的卫生巾，一定是我们锦西实小人所为。”

这下大家明白了，原来是一片卫生巾惹的祸。这片没有折叠的卫生巾就是这次紧急会议的“导火索”。

“课间5分钟的眼保健操，我已经安排男教师巡视。现在咱们来进行5分钟的常规学习。”

德育主任从我手中接过文本（当时，还没有印制常规手册，只有文本资料），开始组织大家学习——

如厕做到：

1. 进入厕所后先看门闩，若是绿色，轻轻推门进入；若是红色，可以换一间或安静等待。

2. 进入卫生小间，轻轻扣上门闩，不能摔碰，不能拍打。

3. 便后冲水，小便按小阀门，大便按大阀门，节约用水。

4. 男生小便靠近小便槽，做到小便入槽，不外洒一滴。

5. 大便后卫生用纸要入篓，女生若在经期，换下的卫生巾需折叠入袋后放入纸篓，不得将卫生用纸、卫生巾、杂物丢入便池。

6. 便后洗手，洗手时轻拧开关，水切莫开到最大；洗手程序：一抹，二搓，三冲，四轻甩，不掉水滴在地面上。

7. 视光线强弱开灯，光线强烈时，主动关灯，一盏灯的光线能照明，切莫开两盏灯。

8. 爱护镜子，不敲打，不破坏。

9. 保持镜面和墙面卫生，不乱涂乱画。

今天的“意外”，是由于对第五条要求践行不到位导致的，于是，在德育主任组织大家学习完毕之后，是卫生巾折叠示范——

将一片干净的卫生巾开袋后，展开，将茶杯里的水倒在卫生巾上，将卫生巾浸透。然后将卫生巾左右两翼对折粘连，之后将卫生巾朝一个方向卷成条状，塞入卫生巾的独立包装袋里。最后，用独立包装袋上的小粘条将包装袋封好。10来秒的时间，便将一片用过的卫生巾做了极其巧妙的二次包装。

常规要求和包装示范结束后，学校布置了当天下午各班午会课的“统一任务”，组织学生学习“如厕常规”，并单独组织五、六年级的女生学习“卫生巾使用方法”，尤其是要让女生人人都学会卫生巾使用后的第二次包装。10分钟紧急会议宣告结束。

其实，从2000年就伴随锦西实小成长的“老”锦西实小人都知道，像这样的紧急会议，在锦西实小还发生过。

发现楼道口有纸屑，要召开紧急会议，参会的人员是当天在那儿走过的所有班级的学生和教师。

听到哪个楼层办公室关门的声音大了，要召开紧急会议，参会人员为在该楼层办公的教师们……

除此之外，还有诸多突然降临的“个别谈话会”：下课铃声一响，立刻爆发出刺耳的吼叫声的人；哪个老师跟学生谈话时声音“提高八度”；发现请了家长来校交流，教师坐着，家长站着的……看似平常的一些细微处的忽略，在锦西实小，都是“零容忍”，都会因此召开紧急会议。好在这样的

“零容忍”锦西实小人都欣然接受，并打心眼儿里喜欢。

紧急会议的背后，藏着锦西实小人对“生命为本”教育的追求，藏着对人性中真善美的唤醒与培育。

故事2

笔尖摆放的学问

“校长，这次我们班的常规展示为什么得分这么低?”学月常规展示结束后，一年级（2）班班主任找到了我。她刚从外地调来，工作勤勉踏实，在刚刚结束的学月常规展示活动中，一年级四个班，（2）班得分最低。

查阅所有评委的评分表，七个评委在“学具摆放”一项中都给了他们班最低分，其他的项目，得分跟其他三个班都差不多。为什么“学具摆放”扣分会这么严重呢？在刚才的常规展示中，一年级（2）班学生的学具摆放，有一半都将笔尖朝向了外面。

我如实告诉了该老师他们班被扣分的原因，但她仍然觉得委屈：“我几乎每天上课都会和学生强调笔尖的朝向问题，也给他们纠正了很多次，但他们还是记不住。”

“那你告诉我，为什么笔尖不能朝外，而要朝内?”面对她的不明白，我继续追问。

“学校的常规中这样规定的啊，学生没有按要求做好常规。”她回答。

看来，（2）班一半以上的学生将笔尖朝向外侧，还真的有原因。（2）班班主任刚从外地调入锦西实小，暑期的德育培训没有参加，因而对常规的教育价值理解不到位，这一课必须补上才行。接下来的时间，我与这位班主任有了下面的交流。

“笔尖朝向自己”有三大教育价值。

第一，便捷。笔尖朝向自己，学生拿起笔来就可以写字，不需要任何转换动作。若笔尖向外，学生拿笔写字需要转换，在笔尖转向内侧的过程中，很有可能因为划过桌面而折断，因为一年级的学生进校时使用的都是铅笔。

第二，安全。铅笔笔尖都削得很尖，若笔尖朝向外侧，学生在拿起铅笔的瞬间，如果恰逢前排的同学转过身来，那前排的同学很有可能会被划伤。再有，9月学生入校，都穿着薄薄的夏季衣衫，即便不转过身来，只是很自然地向后靠一靠，而后排学生的笔尖恰好又超过了桌子的边沿，也容易伤着学生。

第三，关爱。

说到这儿，我为（2）班班主任讲述了一个真实的故事。

一对小夫妻，在经历了轰轰烈烈的恋爱之后步入婚姻，激情渐渐被平实的日子取代，矛盾随之而来。每每遇到矛盾，妻子总会赌气回娘家，而每一次，都是丈夫低眉顺眼上门认错，将妻子接回。

又是一个周末，又是鸡毛蒜皮的小事，争吵后，妻子照例回了娘家。但这一次，没等丈夫来接自己，妻子主动回家了。原因是什么呢？一把剪刀。

当天吃过晚饭，妻子的母亲坐在沙发上为女孩的父亲缝一颗掉落的扣子。扣子缝好后，父亲拿来了剪刀。剪刀在递给母亲的时候，父亲是用手握着刀口的，母亲接过刀把，很顺利地便把线头剪掉了。母亲用完剪刀，没有顺手将剪刀递给父亲，而是将剪刀在自己手中调转一个方向，同样握着刀口，将刀把朝向父亲。父亲接过刀把，将剪刀放回了柜子里。

看到这一切，妻子哭了。一直以来她都以为木讷而少言的父母不懂爱情，也以为他们之间从来就没有过爱情。但刚才发生的一幕，让她瞬间明白：这才是爱啊！原来父母之间的爱情早已融化在生活的平常间。如果说父亲递剪刀的时候那样做是为了方便母亲使用，那母亲递剪刀给父亲呢？将锋利的一端朝向自己，把危险留给自己，把平安带给亲人，这才是真真切切的爱。

故事是简短的，但带给人的启思却是深刻的。如果我们的学生能够从摆放的铅笔尖的朝向学会爱、学会关怀，相信他们未来的人生会多一分幸福，家庭会多一分温馨。

新来的班主任彻底明白了，锦西实小教育的精细，不仅仅是教你如何做，而是告诉你为何要这样做。

“我知道了，校长，相信明天我把这三点给学生讲明白后，笔尖一定会全部朝向内侧。”

原本的点点情绪在交流后，彻底化解了。锦西实小的精细，又一次化作溪流，在一位教育人心中流淌。

跟锦西实小人相处久了你会喜欢，喜欢他们与你在一起时从细微处带给你的关怀和感动。进入锦西实小的学生，一两年后，日常行为也会与他人有所不同。比如，在任何场合吃完饭都会将自己的碗碟和餐位收拾得干干净净。一位在污水处理行业做得很出色的企业家，在看到锦西实小的常规手册后感叹：这简直就是新版“弟子规”啊！

走进锦西实小，精细随处可见：为上研究课、示范课的老师选择衣着；校门两侧花架下为接孩子的家长准备的长凳；教导主任潘波为每年六月带孩子入学登记的家长设计的排号卡；2011 年为首次访问新加坡的学生代表印制的“新加坡行前温馨提示”；精巧别致的阅读卡；门卫室为提前到校的学生准备的塑料板凳……所有的细节，都是锦西实小成长过程中永远不能忘却的感动。它存留在岁月里，也镌刻在锦西实小学生、家长、老师的心中。锦西实小的成长，是用细节铸就的。

14 阅读，是一道风景

当阅读成为像呼吸一样自然的行为之后，团队中便会有一种“场”的效应，这“场”会外显为一道亮丽的风景。

成都市金牛区一位年轻教师在我的博客上有过这样的留言：

今天再一次翻阅了《为生命而歌》这本锦西实小人用心谱写的书，回忆起在锦西实小实习时的美好往事，仿佛看见李校长拿着语文书在幽静的校园朗读……为“花重锦官城”里的锦西实小的发展而深感自豪。

是的，锦西实小的师与生、树和草都已经习惯了诗意的聆听。

春天的早晨，捧一本书，信步校园，轻轻诵读，迎春花在诗意的聆听中开出了黄色的花朵，花朵如繁星般缀满枝头。

夏天的早晨，捧一本书，信步校园，轻轻诵读，栀子花在诗意的聆听中开出了白色的花朵，芬芳洒满校园。

秋天的早晨，捧一本书，信步校园，轻轻诵读，八月桂在诗意的聆听中开出了金色的花朵，馨香沁人心扉。

冬天的早晨，捧一本书，信步校园，轻轻诵读，梅花在诗意的聆听中开出了淡黄的小花，幽香随风扬。

原本是个人的喜好与独自享受，无意间却成了校园的一道风景，这风景入了老师的眼，也入了学生的眼。有的学生，为了能捧着书跟我在校园转上两圈，开始自觉地早起了，不仅读了书，还改掉了起床磨蹭的习惯。“有个天天向前走的孩子，他只要观看某一个东西，他就变成了那个东西，在当天或当天某个时候那个对象就成为他的一部分，或者继续许多年或一个个世纪连绵不已。”美国著名诗人惠特曼这样告诉我们，生命的成长也这样告诉我们。

故事 1

此岸花开——阅读，使师生感悟生命

如今，说理念，标榜理念的还真不少，但在侃侃而谈的背后，又有多少学校将理念真正落实，真正践行到学校工作的方方面面了呢？判断学校的办学理念是否落实，其实很简单：第一，学校的师生是否能将理念阐释清楚，是否能讲述承载着理念的学校故事；第二，观察师生的日常行为，一言一行中是否打上了理念的烙印。

在我生日那天，二年级的学生甜甜送给我一张她自己制作的卡片。卡片上的画很简单，寥寥几笔，极其简单的构图。但是，在了解锦西实小的人看来，这画又实在不简单。因为在简单的构图之上，甜甜为画面题词“生命为本”。据家长介绍，卡片是孩子悄悄完成的作品，没有任何人提示，也没有任何人参与。一个二年级的学生居然能将锦西实小的办学理念“生命为本”随意地写出、画出，那必是牢牢记于心间的。这样的“植于心间”，其实是要经过漫长的“化”的过程。《易经》里有这样一句话：“观乎人文，以化成天下。”如果没有“化”，再好的理念也只能停留在“文”的层面。化，即漫长的熏陶、感染、浸润。除了日常的教育教学工作外。

阅读，是锦西实小人必经的“化”。让师生感悟生命，是践行“生命为本”办学理念的基石。《天蓝色的彼岸》是一本关于生命、关于死亡的儿童读本，跟随教师在阅读之后留下的文字，你会发现，锦西实小的办学理念“生命为本”是怎样一点点渗透、一点点“化”到老师们心间，又怎样通过老师“化”到学生心间的。

生活的美好，总是容易被与美好共存的千般滋味所遮盖。我们总是在不知不觉之间放大了诸多的不愉快，而自欺欺人地把幸福折射到了用偏见勾勒的彼岸。殊不知，最真实的快乐源自于“珍惜”二字。热爱生活吧，不要等到生命的最后一刻才明白——活着，是一个多么醉人的存在。

——陈明华

人们总是在死后才发现曾经的来不及，与其为一切的来不及而感叹、惋惜，不如在活着的时候学会感恩，用自己的方式感谢那些帮助过自己的人。

——杨怡

“你不在了，但生活仍在。”哈里开始懂得。我们开始懂得。懂得的同时觉得心中有点凉。原来，生命中有一些必然的记得与遗忘。活着就要珍惜生命！

——吴黎

不必担心别人会将你遗忘，你有过的，无论是好的还是坏的，无论是举世闻名的还是默默无闻的，都影响过别人。从这个意义上说，你已经成为别人生命中的一部分。

——庄压

读完这个故事，更加让人感受到生命之所以伟大，源于它是引领你与自然万物友好相处的一个历程，每个生命在茫茫宇宙中都是独一无二的，不可重复与修改的，因此，让我们加倍珍惜世间万物的生命吧！

——何娟

世间万物，唯有爱的力量可以支撑起世间任何一个人对生命的深深追求！

——王兰

如何才能在大限来临时坦然处之呢？小哈里给了我们答案，那就是——完成你的使命，完成你还没有完成的事。把每一天都当做最后一天去度过，珍惜你在工作、学习、生活中遇到的所有人和事。

——张敏

生活是平凡的，但偶尔也有些许的异常之处，让我不能释怀。读了“决不要在你怨恨的时候让太阳下山”这句话后，我若有所悟：每一天，都不能生气或敌视任何人，不管是你爱的人还是爱你的人，不管是你恨的人还是恨你的人。生命是有限的，带着宽容和理解去和每一个人相处，自己的内心也就纯净而温暖了，自己的生命也就有了几许温情。

——罗先芝

锦西实小人共读《天蓝色彼岸》是在2008年的暑假，正是经历了“5·12”汶川大地震之后。张蔚老师的挚友在地震中不幸遇难。之后很长一段时间，张蔚老师几乎是夜夜在挚友的音容笑貌中睡去，又在挚友的音容笑貌中醒来。2008年暑假的共读，如同心灵的鸡汤，让悲哀中的张老师有了大彻大悟——

一口气读完了《天蓝色的彼岸》，心里久久不能平静。这让我想起了两个月前在地震中离开的你，更增添了我对你深深的思念。

你会像哈里那样回来吗？我多么希望你能回来，多么想向你说声“抱歉”，为了那永远不能赴的约会。

四月的最后一次通话，每一个字都回旋在我耳边。“一两个星期后我去成都。记住，不能再失约了，到时咱们不见不散。”如今阴阳相隔，何时再见！

我后悔、我难过、我自责，竟然此时才明白——人生如此无常，要珍爱身边的每一个人，珍惜每次的日出和日落。

从知道你离去的那一刻起，我被一种沁入骨髓的悲伤和歉意紧紧地包裹着。直到看了这本《天蓝色的彼岸》。我释怀了，因为我知道你会心无牵挂走向那美丽的地方。

谢谢学校送给我这本书，谢谢《天蓝色的彼岸》，使我明白了死不是绝对的终结和虚无，珍惜生，但不必畏惧死。

我还是想你，但已不再悲伤。

——张蔚

坚持阅读，锦西实小人就这样让自己一天天成长！

坚持阅读，锦西实小人就这样让“生命为本”的理念一点点渗入自己的骨髓！

坚持阅读，锦西实小人在阅尽彼岸之后让生命之花在此岸盛开！

故事2

校园里的读书郎

2008年，“5·12”汶川地震之后，教育部门发起一个题为“感动”的征文活动。在众多的征文中，有一篇完全脱离了主题，没写地震，而写读书的小诗：

他——
还未跨进小学的门槛儿
就已爱上了读书

刚才还牵着妈妈的手过马路
顷刻就捧起校长桌上的“晚报”
声声入耳

一个刚满7岁的孩子
在那个美丽的秋天
与我相遇
与他的四十二个伙伴相遇

甜蜜洋溢的笑脸
时光穿行我们的聚缘
一间不大的教室
因为有了他
弥散着别样的芬芳

大家开始吮吸那醉人的芬芳
不再嬉闹
不再暴躁
迟缓的也变得灵动起来

大家开始吮吸那醉人的芬芳
《小王子》《安徒生童话》《爱的教育》
……
一本接一本，一本又一本
芬芳开始弥漫整间教室
小说传记，诗歌散文
科学探秘，古典诗词
……
大家穿越在时空的隧道
大家遨游在奇幻的世界
杜甫又回草堂了
J. K. 罗琳正和我们说话
罗高领着鸦群进驻了锦西

大家已经吮吸到那醉人的芬芳
《时代教育》
《创新作文》
“新世纪星杯”
闪亮着同伴的名字
跳跃着同伴的文字

又到发杂志的时刻了
该到课间休息的时刻了
教室里依旧迷人
只因那别样的芬芳

我沉醉于这样的芬芳
我同行于小小的读书郎
从课堂到课外
从匮乏到充实
从教书匠到育人者

我欣喜地发现
我和身边这群读书郎竟是这样——
不论平地与山尖，无限风光尽被占

这首诗是乐乐老师写的，一位有如此文笔的老师为什么会跑题呢？答案其实与地震也是紧密相关的。乐乐老师感动于学生们在地震之后的读书劲头才写下了这首美丽的小诗。“5·12”汶川地震之后，学校停课一周，复课后的第一周，锦西实小所有的学生是到学校旁边的锦西中学借读的。

在停课和借读的日子里，学生随意找一个地方便安静地坐下来读书的场景深深打动了乐乐老师，于是，题为“感动”的征文中有了这首美丽的小诗。

其实，教育对生命最大的贡献应该是什么呢？我认为，应该是培养一种优雅的行走姿态吧。阅读作为一种基本的生命形态已在越来越多的锦西实小的学生身上彰显。如果说乐乐老师的小诗勾勒的是学生读书的“群像”，那下面这个故事则捕捉的是锦西实小学生读书的“特写”。

他就读于锦西实小，从二年级开始，他就成为学校的“体育信息发布员”，中国及至世界举办的各类体育赛事，他都了如指掌。

场景一

“唉，这真是奇怪，我都三天没看到报纸的影子啦！”姥姥的声音由远及近传过来。

听着妈妈的抱怨，橙明白了七八分，她的目光扫过客厅，停在落地窗底下，儿子小马正津津有味地看着报纸，全然没有意识到姥姥、妈妈的存在。

“小马——”橙故意用低低的、沉沉的声音唤着儿子。

可这一招似乎失去了往日的功效。

“小马！”橙只好一声大吼，终于叫醒了专注的儿子。

“什么事？”小马懒洋洋地答道。

“姥姥已经三天没看到报纸了！”橙说道。

“嗯，嗯……在这儿呢。”小马不好意思地挠挠头。

“我就知道是你！”

“算了，算了。”一看是宝贝外孙“惹的祸”，姥姥赶紧打圆场，所有的气烟消云散了。

场景二

周末的清晨，阳光懒懒地射进屋子，卧室里有了斑驳的影子。难得的好天气，橙伸了伸懒腰，看着身边还在酣睡的小马她有些小小的得意，那个一尺多长的小毛孩，现在已长得跟她差不多高了。

“好不容易过周末，让他多睡会儿吧。”

半小时后，橙已做好早餐，得叫小马起床了。

“小马，起床了！”橙坐在床边，一边摇着儿子，一边唤着。

小马毫不理会妈妈的呼唤。

橙用力捏了捏小马的鼻子，小家伙只扭了扭身子，又翻身睡了过去。

橙走到床尾，轻轻地挠着儿子的脚心，可小家伙使劲蹬了蹬腿，便把后背留给了妈妈。

经过一番叫、捏、挠、掐的斗争，橙认输了。

“昨天，谢菲联（谢菲尔德联足球俱乐部）到底是输了还是赢了呢？”橙坐在床边喃喃自语着。

“噌”一个鲤鱼打挺，小马从床上跳了起来。“我去拿报纸。”小马翻身下床，赤着脚冲了出去。

“儿子，穿鞋，穿衣服！”橙拿起儿子的衣物来到客厅。

只见这小子，穿着背心大裤衩，正以他惯有的姿势爬在窗台上看他心爱的报纸。

这样地忘我，怎么可能做不好信息发布员呢？

从锦西实小走出去的学生，大家都说习惯好。从锦西实小走出的已参加高考的毕业生，有被北京大学录取的，有被清华大学录取的，有被同济大学录取的。锦西实小获得如此骄人的成绩，不得不让人惊叹。

原来，阅读的风景还可以一路延展。

其实，锦西实小人不属于资质过人的一族。一方面锦西实小建校之初是作为石笋街小学的分校的；另一方面学校所在位置偏僻，周边是农田，环境简陋，优秀的老师当然不会选择这样的“郊区”。如何突破这一瓶颈呢？唯有阅读。在无意识地发现自我阅读给他人带来的影响之后，有意识地进入第二步——分享阅读。只言片语的分享，片段的分享，整本书的分享……大家发现，书是生命最忠实、最贴心的伙伴；阅读，是人世间最美妙的享受。

渐渐地，办公室里有人谈书，阅览室里总有人不期而遇；渐渐地，有人在出行的时候，也为自己揣一本书，打发闲暇时光；渐渐地，学校会在假期来临之际为老师备好精神食量，《没有任何借口》《飞鸟集》《从优秀到卓越》《一生的学习》《致加西亚的信》《小国王》《苏菲的故事》……一本又一本书在老师们的手中翻过，一行又一行文字在老师们的眼前辞别，一次又一次感动和交流在老师们心间流淌、传递；渐渐地，读书成了一种习惯，成了锦西实小一道特有的风景。

教师，你本身是什么，教给学生的就是什么。当阅读成为教师生命和生活的常态之后，阅读的风景便会自然地延展到学生、家长。“锦西实小学子阶梯阅读书单”早在2005年就成了学生必须完成的功课。时光就这样逝去，自我就这样丰满，校园就这样长大。

15 创新成就魅力

生命中的每一天都是新的开始，教育怎能不创新，但教育的创新不是标新立异，而是在不断参悟生命、把握教育市质的基础上的新思考、新发现。

2011年2月14日早上7：00，我拿着一叠卡片笑容满面地站在校门口，身旁是70枝鲜艳的玫瑰和70盒巧克力。7：20，迎来了第一个到校的老师；接着迎来第二个，第三个……到校的老师接过卡片，接过巧克力，接过玫瑰花时，惊呆了，大家都没想到，在新学期开学的第一天，学校会以如此浪漫的方式迎接大家，欣喜与激动溢满心间。那一天的开学准备工作比以往任何一次都要快，都要轻松。因为学校给老师们提出了一个要求：今天，一律不准在学校加班，要将自己获得的这份情人节礼物带给自己的丈夫（男友）或者妻子（女友），没有恋爱的老师则要将这份礼物与自己的家人分享。

其实，以如此浪漫的方式开启新学期的校园生活，是我在开学前一周才想到的创意。担任校长10年了，但春季开学在2月14日（情人节）还是第一次。如此的巧合，到底意味着什么呢？这一定是要让我在这一天为老师们做点什么吧，无数次，在心里琢磨。于是，有了不惊动任何人的卡片设计、玫瑰花预定和巧克力选购。于是，2011年春季开学，锦西实小人拥有了一个别样的惊喜。

地球自转一圈，一天过去了，太阳公转一圈，一年过去了。学校的工作按周进行安排，老师们的生活按周进行循环。学校生活，稍不注意，便会陷入“每天相似的循环”之中，倦怠，也在这样的重复中产生。生活需要新意，工作需要创意。锦西实小，在充分感知人性、参悟人性的基础上，总是将惊喜与激动带给每一个成员。一次次惊喜，不仅让老师们充分感受了“平常日子的新奇与新意”，还点燃了老师们创意的激情，在锦西实小校园，创新之花次第绽放……

故事 1

成就永恒——锦西实小毕业典礼中的教育哲学

生命一天天长大，
童年一天天远离，
当告别的时刻来临，
有什么，
可镌刻为经典——
在记忆中永存！

音乐温柔地响起，孩子们牵着家长的手，身着毕业礼服从右侧登上舞台，博士帽檐上黄色的流苏轻轻地晃动着，更添活泼与自信。当第一组 12 个学生站定后，12 位教师手捧毕业证书从左侧走上舞台，将毕业证书双手递交到学生手中，一句祝福的话语之后，是一个深情的拥抱。带着母校的祝福，学生转身将毕业证书双手递交到父母手中。

“爸爸（妈妈），感谢您 12 年来对我的养育和细心照顾！我永远爱您！”

发自肺腑的感言之后，孩子与父母紧紧拥抱，幸福的泪水在脸颊尽情流淌……

这是锦西实小毕业典礼中感人的一幕。像这样的告别，自 2006 年 6 月送走了首届毕业生之后，已成为锦西实小的坚持，朴素、深情的回顾与告别，将成长诗意地留存于学生未来的生命中。简单的形式背后，是锦西实小人对教育独到的诠释和感悟。

第一乐章　昨天，童年纪事珍藏

叙事诗朗诵——《快乐的生命家园》，拉开了毕业典礼的帷幕。这首叙事诗取材于学生六年的学习生活，艺术地再现了学生6～12岁成长的历程。

忘不了美丽锦西——
这个让生命健康快乐成长的家园！

忘不了可爱的小云雀①，
门厅里，过道旁，花丛中……
到处活跃着她的身影，
她生活在我们中间，
陪伴着我们成长，
是锦西每一个孩子童年生活的好伙伴！

忘不了“课后三件事”——
收拾学具、捡净纸屑、放好桌凳，
让我们懂得——
细节造就完美。

忘不了“每天五个一”——
一篇临摹字帖、
一组口算练习题、
一次醉心的阅读、
听读十分钟英语磁带、

---

① 2001年春天，在学校花园中逝去的一只云雀带给锦西实小办学者感悟和启思，历经五年，生成了“生命为本”的办学理念。云雀的故事成为每个入读锦西实小的学生必听的故事，云雀成为学校的吉祥物。毕业时赠送给学生的“小云雀”是一个专门为学生定做的绒布娃娃，“小云雀”上有一个小小的吊牌，吊牌上的话——“我健康，我快乐，我成长”是对即将离开母校的学生们深深的祝福和殷切的期望。

晨读十五分钟，
如春天的细雨，
轻轻泼洒在我们的心田；
如清晨的甘露，
悄然地渗入我们的心扉。
还有那一次次难忘的活动——
小鸟的葬礼①；
怀念肖潇②；
爱我吧，小朋友们；
毕业时，我为母校种下；
……
让我们懂得：世间，唯有生命崇高而神圣！

一天又一天，一年又一年，
我们的生命在家园中成长，在家园中升华。
锦西实小，培育我们生命的摇篮！

诗朗诵完毕后，是讲述“记忆中永远珍藏的瞬间”。依序走上舞台的12个学生代表即将毕业的200多位同学发言。就要离开生活、学习了6年的母校了，6年来生活的点点滴滴如放电影般涌上心间。优美的散文、深

① 2001年春天，花园中一只云雀逝去，全体师生为云雀举行了朴素而隆重的葬礼。之后进入学校的历届学生，都要观看学校办学理念生成过程的音乐剧《生之灵》，剧中有一幕为“哀思——小鸟的葬礼”。

② 肖潇是2003年9月入读学校的学生，一个聪慧而坚强的女孩。进入学校半年后发现患了髓母细胞瘤，一年后离开人世。从发现生病到学生离开人世的一年间，肖潇积极、乐观，对生活的热爱、对生命的无限渴望牵动着当时所有师生的心。之后，“怀念肖潇”成为进入锦西实小的学生在二年级时上的必修课。

情的叙事，是学生对母校生活的留念，是对童年美好的珍藏。这里摘录的，是已毕业的几届学生的部分发言：

记得那是开学的第一天，我站在教室门口不敢进去，我害怕，我哭泣……就在这个时候，王老师微笑着蹲在我的面前说：“哟，这是谁呀？裙子真漂亮！来，跟着我转一圈。”说着，牵着我的手转了起来。

得知黄良修同学要转学的那一刻，同学们都不愿相信那是真的。一个个的眼圈红了、湿润了，最终压抑的眼泪还是止不住地涌出了眼眶。大家涌向黄良修，涌向罗老师，希望这是一个天大的谎言，可是……不可改变的事实让大家紧紧拥抱在一起，离别的话语在那一刻说不完、说不够！

足球比赛落下了帷幕，我们班最后一名。低垂着脑袋走进教室，除了大家的抽噎，便没有了任何声音。后来，抽噎声越来越大，教室里的哭泣声响成一片。最后，是张老师安慰了我们，帮助了我们，让我们在之后三年的体育比赛中都一举夺冠。

……

通过学生的回忆，老师们看到了日常教学中没能发现、没能感悟到的感激与感动。如果不是因为毕业典礼，或许这些可以温暖我们一辈子的生命瞬间就被我们搁浅了，这样的“经典”如果不在生命的记忆里，将成为我们的遗憾。

第二乐章　今天，留下真情致谢

在回顾往昔的基础上，毕业典礼将学生拉回到现实中。这一乐章，共设计了七个环节，每一个环节都有其不可替代的意义。

在《每当我轻轻走过老师的窗前》的音乐声中，6 年来为学生的成长辛勤付出的老师们走上舞台，接受学生献花。6 年，从一个不谙世事的 6 岁幼童成长为一个 12 岁的少年，多么神奇！这神奇的背后，是老师们的辛勤耕耘。鲜花和掌声献给亲爱的老师，也献给诗意成长的生命。

手捧鲜花的老师们走下舞台之后，毕业典礼上神圣庄严的时刻到来了。学生每 12 个人一组走上舞台接受毕业证书，养育了孩子 12 年的爸爸妈妈们和孩子一同登上舞台。舞台上短短的几分钟，却饱含着极丰富的教育内涵——

颁发毕业证书：老师将毕业证书郑重地递交到学生手中。也许，在将来求职的过程中，小学毕业证书起不了什么作用，但是，它却是学生 6 年学习的见证。将来漫长的生命旅程中，已没有哪一个阶段的学习能长达 6 年，能超过 6 年。6 年小学生活的熏陶与浸润，是渗透到每个孩子的生命中的，就像我们感觉不到血液在身体里流淌，可血液却时时刻刻在浇灌着、滋养着我们的生命一样。

赠送“小云雀”：“小云雀”是学校的吉祥物，它带给锦西实小人教育的感悟与启思，已陪伴学生六年。“小云雀”上有一个小小的吊牌，吊牌上是学校的校风“我健康，我快乐，我成长”的字样。“健康，快乐”是对生命的祝福，而“成长”却是生命一生的追求。多年之后，也许童年生活的印记已远离、模糊，但是，随同“小云雀”送出的祝福应该在生命的很多时刻鲜活地被记起。

师生拥抱：老师温暖的怀抱，相信是许许多多的人在童年时期的梦想和渴望。离别的时刻，老师给学生一个深情的拥抱，让这个拥抱，温暖孩子的一生。

祝福话语：一句祝福的话语，是老师对学生深深的牵挂与期盼。

转送毕业证书：小小的毕业证书，凝聚着父母 12 年辛勤的养育，把人生收获的第一份喜悦在第一时间与父母分享，是对父母 12 年如一日的养育的最好回报。双手呈上的是一本小小的毕业证书，心中涌动的是对父母的无限感激。

感恩的话语：爱是需要表达的。将千言万语化作一句感恩的话，向所爱的人表达，向生养自己的父母表达，是人生重要的课程。

亲子拥抱：一个拥抱，一份温暖的爱的传递。

一组一组学生走上舞台，在庄严的仪式中感受生命成长的魅力与庄严！

2008年6月23日，当毕业典礼落下帷幕的时候，一位父亲眼含热泪说道：“女儿把毕业证书交到我的手上，并对我说：‘爸爸，谢谢您12年来对我的养育！’那一刻，我觉得当父亲无比幸福，无比神圣！”有了这样的体验，相信在将来漫长的人生道路上，这位父亲定会将父亲的角色扮演得更好。

第三乐章　明天，带着希冀出发

12年，恰是一轮生肖，而小学毕业，也意味着学生们又将开始一段新的生命历程，又将迎来生命中一个新的轮回。在生命成长的关键处给予学生引领，是教育的使命；让学生在新的起点有一个良好的开端，是教育的责任。

师生合作的诗朗诵——《十二岁，起航》，拉开了第三个乐章的序幕。

大海边，
母亲牵着我的手，
浪花笑着跑来又跑去，
我追逐着，嬉戏着，
蹒跚地迈出了第一步——
系紧松开的鞋带，
整理凌乱的房间，

……

拾起了人生的第一枚贝壳——

生活的贝壳！

校园的花丛边，

老师牵着我的手，

活泼的小鸟飞来又飞去，

我欢呼着，跳跃着，

知识的殿堂如此绚丽——

1，2，3，那么有趣，

a、o、e，这般神奇，

……

收获了人生的第二枚贝壳——

学习的贝壳！

如今啊，

走过了十二个春夏秋冬，

人生的新一轮航程即将扬帆，

此番远航，

可该带上哪些行囊？

十二岁的少年，

当更坚强；

十二岁的少年，

当更宽容；

十二岁的少年，
当更充满自信。

装上友善，装上自律，
装上一份浓浓的爱意，
背上满满的行囊，
我们自豪地起航！

亲爱的孩子，
我永远在此深情地祝福你！

诗朗诵之后，12名学生走上舞台，畅想明天，畅想未来，将自己的梦想在这个庄严神圣的时刻放飞。

用我奇妙的双手，为别人装点一个一个浪漫而温馨的家！

——2004级　张紫漪

做明星，对于平凡人来说是不可能的事情，但我相信，只要努力谁都可以做到。让“可能”在我身上发生。也许有一天清晨，羞怯的蔷薇会姿态优美地登上舞台！

——2004级　余文卓

“有志者，事竟成。”多年的努力之后，我一定能成为一个享誉世界的小提琴演奏家！

——2004级　王寅翔

……

我们知道，12岁立下的誓言不见得就是他们将来从事的事业。但是有梦想，又何尝不是一件好事呢？人生本就是一个追梦的历程，有梦想引领的人生才是有价值的人生。

当12名学生代表将自己的梦想放飞之后，所有学生会将藏有自己梦想的千纸鹤放入早已准备好的坛子中。因为装着200多个学生的梦想，普通的坛子不再普通，学生将其命名为“梦想圣坛”。与“梦想圣坛”配对的，还有一个坛子，坛中装着米酿的酒，取名“生命的醇香”，它将和“梦想圣坛”一起被埋入地下。20年后，当学生已经长大，当生命迎来成熟，窖存的酒也会在那一刻散发芬芳。到那时，一个个长大的“孩子”再回到母校，品尝的将是一份怎样的生命醇香啊！

接下来，2名学生代表手捧着“梦想圣坛”和“生命的醇香”走向学生用零花钱捐建的景点。所有的学生，两人一排，手牵着手跟在后面。当埋下“梦想圣坛”和“生命的醇香”后，每一个学生都会捧起一抔土，轻轻地洒在两个坛子上面。这样的经历，这样的真情，谁能忘记？

多年后，当他们在求学或事业的道路上遭遇挫折时，童年的这段经历、这个温暖而幸福的约定，或许能支撑他们顺利地走出迷茫、走出困境。

而当学生一一告别之后，一处别致而精巧的景点就在校园诞生了。景点的名字是学生精心思考的结晶。征集名字之时，年级所有学生都要参与，每个学生都要为其命名，每个学生都要为自己的命名诠释内涵。最后选定的名字是全体学生投票选举的结果。五届学生离去，学校留下了五处诗意的景点——“有爱就有天堂”“守望·梦之翼”“生命，花之长廊”“相约阳光”“忘忧谷”。

相信这样的名字、这样的诗意，还会在锦西实小不断地生长！

尾声　作别锦西

当学生回到主会场站定后，告别的时刻真的来到了。

再见了，亲爱的老师！——嘴边飞出的话语，怎能代表学生们心中的无限热爱和感激呢？那一双双关怀、关切了6年的目光，那一颗颗牵挂了

6年的慈爱的心，已与学生的生命融为一体。未来的日子真的就"再见"了吗？恐怕更多的是一份萦绕在心中的思念吧！

再见了，亲爱的同学！——生命中有太多的无常，一旦分别，这样的相聚不知会在何时。泪水是苦的，有着太多的不舍与留恋。

再见了，我的锦西实小！——6年，学生们早已习惯了大榕树下的晨读，早已习惯了溪流里鱼儿的嬉戏，早已习惯了栀子花开的淡雅，早已习惯了桂花随风儿飘然落下……走出校门还会回来，但曾经相伴了6年的桌椅却已属于他人。生命就这样轮回，生命就这样深刻。

泪水流下，悄无声息。6年，生命中有多少个6年呢？6年凝聚为一刻，这一刻就是经典。岁月将模糊生命的记忆，而这一刻将被永远铭记。

故事2

与众不同的毕业礼物——拆分收藏一本书

我转过身朝内陆望去，只见几英里以外就有一排峭壁林立的大山，光秃秃的就像是白骨一样。我降落的机场不过是一片草地，我的四周不计其数的野花正在盛开，有蓝的、有黄的、有红的。那两个空军壮汉帮了大忙，他们把我抽筋的身体从"飓风"型的飞机的机舱抬出来……

此片段是罗尔德·达尔《独闯天下》中第160页的内容，是第九集故事"第一次遭遇敌机"的开头，被陈啸吟同学收藏。该同学一共收藏6张书页，页码从第159页到第164页。

我差不多是脱光了身子跟大卫·科克一起站在帐篷外面三条腿的洗脸盆旁边，正想洗洗战斗中流下的汗水时，轰隆隆哒哒哒的巨响在头顶炸响了，那是机关枪的扫射声和飞机引擎的轰鸣声。我跳了起来，大卫也跳了起来，我们抬头一看，只见……

这是《独闯天下》“离末日一步之遥”中的片段，在书的第208页，由博文同学收藏。

突然，在离那条路一英尺左右的沙地里我看到了一条巨蝎。它黑得像墨玉，足足有六英尺长，贴在它背上的是它的孩子，就像是坐在敞篷公共汽车顶上的乘客一样。我弯腰下去数了数。一、二、三、四……

这是《独闯天下》第256页的片段，收藏者是夏逸飞同学。

……

一本完整的书，被拆分成55份，每个学生1份。拿到书页的学生都迫不及待读了起来，读完了自己的，又去寻找书页接下来的主人。

读着读着，学生们哭了，欢笑声被轻轻的啜泣声替代，就像这拆分开来的书页，今天，是离别的日子，是跟六年小学生活说再见的日子，是师生为六年朝夕相伴的欢乐与不舍定格的日子，短暂的相聚之后，从此别离。

这是锦西实小2003级（4）班的学生毕业告别的情景。用什么样的方式为六年小学生活、为学生的童年镌刻一份记忆呢？班主任乐乐老师已经策划了很久、酝酿了很久。“拆分书页收藏”作为送给学生的一份毕业礼物，缘于儿子随意的一句话所带来的灵感。

一天晚上，乐乐老师斜靠在沙发上，漫不经心地翻看着一本书，嘴里喃喃自语：“送学生什么好呢？”一旁削水果的儿子说：“你的学生不是喜欢阅读吗？你不是经常鼓励学生以书为友、以书交友吗？那就拆散一本书，平均分给班里的每一个学生。三年后，再手持所分书页相约聚会，那样应该很有意思。”

真是不错的主意！选择哪本书来拆分呢？第二天一大早，乐乐老师就到教室整理书架上的图书。她将平日里学生喜爱的书名一本一本地写在黑板上，等待大家的到来和投票。当大家明白老师的用意后，不约而同地呐喊起来：

"《独闯天下》!"

"《独闯天下》!"

"《独闯天下》!"

学生的理由很简单，就是希望自己也能像罗尔德·达尔一样独闯天下，历经奇妙惊险，但最终完好无缺、平安无事。当罗尔德·达尔被派遣到非洲工作时，就开始了他奇妙惊险的经历：朋友的房子里爬进眼镜蛇，不得不请来捕蛇者捕蛇；一只狮子抓住了一名妇女，他亲眼目睹了营救的全过程。这些经历被罗尔德·达尔写进了书中，让读者无法忘怀，尤其是好奇心很强的十一二岁的少年。另外，二战时期的罗尔德·达尔与母亲天各一方，他在非洲，母亲在英国。整整三年，罗尔德·达尔坚持给母亲写信，当罗尔德·达尔完好无缺地出现在母亲面前时，母亲简直不敢相信自己的眼睛。在那个乡村公共汽车站前母子相拥的画面着实让人感动。这些都很符合学生的年龄特点。

就这样，《独闯天下》被确定为拆分的书籍。拆分开来的书页被乐乐老师精心地用双面胶一页一页、一份一份地粘在了每个同学的简易书皮里。每一张书页的右下角都盖有红色的班章。简易书皮上竖贴着分配到的书页，书页底下是一张白色的小纸条，纸条上是乐乐老师写下的简短留言。

孩子：

请原谅我们以这样的方式与你们道别。紧张的初中生活即将开始，免不了劳累和烦躁，更少不了快乐。愿这小小的册子，能为你祛除忧愁和烦恼，储存你及身边人更多的快乐！

你们永远的朋友：韩焕君　朱文乐

2009年6月20日

其实，连同书页一起送出的，还有五样礼物——

一本小学毕业证书。

一枚小五星印章，这是班级日常评比奖励的小印章，是六年来，一直让学生魂牵梦萦的东西。

几张有特殊意义的学生照片，有个人的，有小组的，还有班级全家福。

一张光盘，光盘中收录的是学生六年成长的足音，从一年级到六年级，小学生活的点点滴滴都收录在这里。

一本带锁的笔记本，让学生书写自己懵懂的青春故事。

带锁的笔记本是盒装的，盒子是新绿色的，代表旺盛的生命力。所有的礼物都装在这新绿色的盒子里，擅长书法的乐乐老师还在盒子上写下了小学阶段给学生的最后留言：期待！

两个字，寄托着乐乐老师太多的情与爱——

期待与孩子们结缘六年的友谊地久天长。

期待孩子们即将开始的中学生活能够异彩纷呈、快乐无限。

期待孩子们的青春期少一分叛逆和烦恼，多一分阳光和明朗。

期待三年后大榕树下相遇时的激动与欣喜……

锦西实小有太多原创的活动，有太多的感动通过活动传递给老师，传递给学生们。每年 9 月的“生命叶里的梦想”，每一位老师都要将期盼存入“生命叶”中，每人都会领到一张光盘，光盘中的照片是老师们工作时的美好瞬间，大多连自己都忘记了，但朋友的相机却将之记录了下来，并将光盘命名为“永远珍藏的生命瞬间”；每年三八妇女节，学校男老师都会在清晨着盛装站在校门口迎接全校女老师的到来，并为她们送上礼物；每年的“新年寄语”……锦西实小的老师们习惯了这样的惊喜，也把惊喜通过各种方式又传递给自己的学生。把握住教育本质的教育创新成就了锦西实小“生命为本”教育的独特魅力。

16 培育优秀为习惯

本质的优秀不需要刻意，是通过生活的细节在传递，优秀是生命的高度自觉，是诚于中而形于外的。

金牛区一位年轻的校长在他的博客中，曾经写过这样一段话：

地上有几片纸屑，捡还是不捡呢？犹豫之间，一直被我们称作大姐的李校长已经弯腰将地上的纸屑捡起来了。她没有半点犹豫，也没有半点刻意，仿佛就是在自己的家中捡起垃圾一样自然。原来，优秀是渗透到骨子里去的！

里面提到的大姐就是我，其实读到这段文字的时候，我已不记得那是什么时候的事了。后来再一次提起，才知道是在金牛区赛课，我在一所学校做评委时发生的事。我对于周遭环境的关注，源于童年时期父亲的教育。虽然家在农村，但父亲的洁净与节约却让我们兄妹几个从小养成了良好的习惯，眼睛里容不下些许的不洁净与浪费，平常生活中，老师们总是笑我，说我的眼睛似乎是专为发现“遗漏”而生——

操场的花坛边，将茂密的栀子花丛里一块不起眼的小纸片弯腰捡起。

洗手池旁，将未拧紧的水龙头轻轻拧紧。

巡视教学楼，关掉学生和老师们因为遗忘而还亮着的灯。

……

感染总是在你未意识、未觉察的状态下进行着。当一切以“自然”的方式在校园、在生活的每一个瞬间流泻、弥散之后，大家发现，“自然”开始汇聚成一道风景，它很自然地在一位老师、两位老师……更多位老师身上生成、延续，也很自然地在一个学生、两个学生……更多的学生身上生成、延续。锦西实小的师生们习惯了“自然”，也成为“自然”的一部分。

故事 1

向往，升腾在你对花朵含笑的时刻

——何老师调入锦西实小背后的故事

何娟，是 2005 年加入锦西实小的一位优秀数学教师。而她加入锦西实小的愿望，纯粹由一件偶然事件引发的。

2004 年 9 月，何老师的儿子转入锦西实小三年级就读，当时，何老师是金牛区另外一所学校的老师。一天下午，何老师来接孩子，站在校门口，被大厅前一盆盆开得正艳的花吸引了。

也不知人与花经过了多长时间的交流，在与花的凝视中，一个身影出现了，这也是一个爱花的人——步出大厅的她，目光在花朵间流连。突然美丽的身影蹲了下去。

她要做什么呢？迷惑间，何老师看到她已将一盆打翻的花轻轻扶正，并从旁边的花园里捧起一抔土添加到花盆里，再用力将土压平。美丽的身影笑了，轻松而甜蜜。

瞬间，触动了何老师的心：原来，锦西实小的花不是给人看的，而是给人爱、给人怜惜的啊！一年多来，每次接送孩子，何老师都会与校园中这些艳丽的花在心中低语，在她的记忆中，花几乎没有凋零的时刻，每天都鲜艳欲滴。眼前的一幕，让她明白，在花朵四季艳丽的背后，有着一双双勤劳的手、一颗颗怜爱的心。

经过打听，何老师得知“美丽身影”是学校的刘本梅老师，刘老师是负责学校财务工作的后勤老师。在知道“美丽身影”的身份之后，何老师再度震惊：一位后勤老师都能如此，那这所学校的其他老师呢？那些引领团队成长的管理者呢？何老师相信，偶然欣赏到的“美丽身影”寻常一幕的背后一定有许多的不寻常。对低矮的花草尚且能如此怜惜，那生活在其间的老师和孩子们呢？彼此也一定是爱着并关心着的。

“加入锦西实小!”

“到锦西实小工作!”

“成为这个团队中的一员!”

强烈的愿望刹那间升腾，它变成一种冲动，一种欲望在何老师内心涤荡。当晚，何老师就写下了申请调入锦西实小的自荐书。

半年后，何老师的愿望成为现实：她成为锦西实小中的一员。

故事2

校园里的定时钟——韩老师的“清晨三步曲”

“我想，你应该算是一座定时钟了，每天清晨7:40，你的身影准时出现在操场，永远得体的衣着、真诚的微笑……话语虽然不多，交际好像也不太广，但人们却记住了你！你默默奉献的精神，永远闪耀着迷人的光辉!”

这是2006年春节写给韩焕君老师的。每年新年将至，我都会用这样的文字带给伙伴们祝福与期盼。韩焕君老师，2004年从石笋街小学调入锦西实小。在韩老师调来之前，我一般是学校每天第一个到校的，自从韩老师来了之后，我就退居第二了。韩老师每天上班的时间绝不会因为任何事情改变，所有的锦西实小人，都戏称韩老师为“校园的定时钟”。韩老师每天比别人早到20分钟，他这么早到干吗呢？一个晴朗的夏日，为了弄清原因，我比韩老师更早到校，“藏”在学校“有爱就有天堂”亭子中观察韩老师的举动，以发现他的“秘密”。

“有爱就有天堂”在进入校门的左侧，一个亭子、两棵高大的银杏树，亭子前的小路是通向教室的必经之路，韩老师每天都会经过这里。

几分钟后，从校门方向传来声响，抬头望时，韩老师已向亭子的方向走来。一件灰色的夹克，从敞开的衣襟可以看到里面洁白的衬衫，韩老师的衣着，始终给人舒适之感。走过亭子时，韩老师发现了我，微笑着与我打招呼："校长，这么早啊！"

"早起读读书。"

望着韩老师的身影在教学楼入口处消失，我知道，韩教师已经开始了一天的忙碌。为了能将韩老师的举动看得更仔细，我拿着书信步去了学校操场边的"生命如花"大道，这正对着韩老师所在的一年级（4）班。

韩老师"清晨三步曲"的第一步开始了。一年级（4）班蓝色的窗帘徐徐拉开了，中间的两扇玻璃窗也随之被打开。赶在学生来之前将教室内的空气过滤清新，师爱就在这窗帘与窗户的开合之间。

教室靠窗的桌子上是一个鱼缸，鱼缸中的几条小金鱼似乎还未从睡梦中醒来，停留在缸壁边沿，几乎没有游动。韩老师从教室后面走到前台，双手捧起鱼缸步出了教室。根据同年级老师的介绍，这应当是韩老师"清晨三步曲"的第二步——为小金鱼换水。果然，四五分钟后，韩老师捧着鱼缸回到教室，而此刻缸中的鱼儿，一改当初的沉静，清水中它们欢快地嬉戏摆尾，开始了一天的新生活。

放下鱼缸，韩老师走出教室。片刻工夫，他绕过教学楼的拐角，朝我的方向走来。难道，他发现我在观察他？我迅速将自己的视线投向手中的书本。当脚步声停下之后，我知道，自己多虑了，韩老师走向的是花园边放置的几盆花，原来这是他"清晨三步曲"的第三步。当我抬起头时，他已抱着两盆花转身走进了教学楼。看来，这几盆花是他们班的，应该是昨天离校前将它们拿出教室，让它们沐浴星光、吮吸甘露的。

当韩老师再次返回花园端起剩下的两盆花时，我迎了上去，一边跟他走回教室，一边闲聊起来。

“每天晚上都要将花放到花园中吗?”

“是啊，这样它们会活得更长久!”

“天天都为班上做这些事啊?”

“朱老师为这个班，没少操心，我也帮不上忙，就做点小事情吧!”

“朱老师可说你是她的最佳搭档哦！她说特别感谢您这个‘定时钟’每天为班上做的一切。”

听到赞许，韩老师笑了。

“什么‘定时钟’啊？年纪大了，醒得早，就早一点儿到校，帮大家做点事，总不能闲着啊!”

朴实得不能再朴实的话语。每天的“清晨三步曲”对韩老师来说，就是一天中平常的开始。这样的“平常”韩老师已经习惯了很多年。

其实，“定时钟”的背后，还有更多的生动故事。2010年9月，锦西实小十年校庆中，三本画册上的大部分照片，均出自韩老师之手，这些照片是他无数个周末与心爱的相机在校园花草间流连的成果，在若干个春夏秋冬，韩老师默默守候，用镜头留住了校园的美丽。

在锦西实小，所有的老师都会主动为学校付出。锦西实小办公区天井的兰草与文竹是老师们自己种的，花园里盛开的白玫瑰、红玫瑰、黄玫瑰是老师们自己种的，锦西实小的美丽背后，有一双双手，种下绿荫，呵护美丽!

11年来，学校没有为任何一位老师打过考勤，也没有因为早退或迟到扣过任何老师哪怕是一分钱。老师们的期末奖、年终奖与考勤和学生的考试成绩是没有关系的，但是，老师们却依然坚守着。他们把学校当作自己的家，把学生当作自己的孩子。“自律自觉，主动思考，勇于担当”凝聚为锦西实小的一种时尚，一种力量。

管理者所有的努力要指向团队成员本质的优秀。生命成长的力量必须从内在生发，渴望进步、渴望提升、渴望优秀要成为自我的愿望才行。否则，再严苛的责罚也不可能培育出优秀的团队。培育生命本质的优秀有两个方面很重要，第一，体验做一个“好人”的神圣和荣耀；第二，体验违背规则，影响他人的耻辱和羞愧。两条根基扎牢后，优秀，便会成为像呼吸一样自然的行为。

17

道是无情却有情

无情，是对规则的崇尚，是对品质的追求，是对生命的良善和潜质潜能最真切的呼唤与培育！

车门打开，她听到老公亲切的问候：“今天的公开课上得怎么样？应该不错吧！”没想到，一句问候却让她泪如泉涌，她的回答只有一句：“我没有信心在锦西实小待下去了。我的课没有重点，没有朗读指导……”老公不知道该怎样去安慰她，不就是一节公开课吗？用得着这么伤心？下如此大的决心才调入锦西实小，现在竟然想辞职？

“你不知道，校长将我今天的课批评得一无是处，她要我下星期二重新再上一课，要看到我的变化。”想到校长严厉的眼神，句句让人打战的话语，她简直没有了再继续坚持的信心。

这是赵惠芸老师调入锦西实小上完汇报课的遭遇。其实，早在刚到学校的第三天，赵老师就已经领教了传说中作为校长的我的“凶”。

那是一个明朗的清晨，温暖的阳光洒满校园，师生刚刚结束晨跑，列队回教室。这时，我走到赵老师身旁：“赵老师，昨晚放学时你们班教室的灯怎么没有关呢？”

“关了呀！”赵老师很紧张。

“昨晚，我在我家阳台上看见你们班教室的灯是亮着的，是怎么回事？”

一句话让赵老师想起来了，昨天下午突然停电，放学的时候看见灯未亮，就以为是关了。赵老师不敢再说话了，低头无语。

“你是新来的老师，要尽快熟悉学校的一切。你想一想，一次不关灯，会浪费多少资源？不要因为这是学校的，就无所谓！珍惜和节俭是一种美德，不分公私！”

“我记住了，校长。以后一定改正。”

如果说，一个月前的对话叫提醒的话，今天对她的课的评价就是全盘否定了，赵老师作为教师上的第一节课也没有遭遇过这样的“全盘否定”。对于一向自信的赵老师来说，怎么受得了？于是，在见到丈夫的刹那间，委屈的泪水便像山洪一样爆发了。

其实，这样的情景、这样的对话、这样的严厉，在2000～2011年的锦西实小经常发生。教育教学上出现的问题，我不会有丝毫的“宽大与放松”，在锦西实小工作的人，一半以上都被我“凶”过。可最让人不可思议的是，锦西实小人在习惯了这样的严厉与否定之后，渐渐由最初的委屈变作敬畏，甚至有的年轻人成长成熟后不再被“凶”，还会玩笑似的对我说：“校长，好久没被你骂过了，有些不习惯哦!”

其实，只要你是真心为老师们着想，是为他们的成长和进步而“凶”，他们是不会记恨的。

故事1

三次检讨的故事——源于追求活动的完美

对于在上次活动中提到的“家长坐席、奖品奖状放置顺序与表彰次序一致”等细节，三位组织者都做了精心策划。所以这次活动的彩排还没有开始，三位组织者已是信心满满。下午4:00，彩排如愿结束，三位组织者期待着学校的肯定。

“周校长、林主任、徐主任，你们到我办公室来一下。”没有笑容，语气也十分平静。凭着与我共事多年的直觉，他们知道我对此次彩排是不满意的。三位组织者心里很疑惑。

“问题出在哪儿呢？没有什么细节遗漏啊？”看来，今天又得“享受”一次帮助了。三人原以为自己的努力会得到认可与赞赏，可没想到辛辛苦苦换来的仍然是校长严肃的谈话。

“就这次活动，通过今天的彩排，我想听听你们的意见。”

沉默，三人都不知道从哪儿说起。最后，还是副校长周骞打破了沉默：“基本达到了预期效果，奖品也能有序发放。”

“你们都是这样认为的吗？”

“也还是有不足的地方的，比如……”德育主任林琳战战兢兢地接过话。

“这样吧！我现在有课，为了让明天的活动做得更好，你们几位也再好好想想活动的流程，咱们先不说优点，想想还有哪些不足，请你们以书面的形式梳理出来，下午交给我！”没等林主任把话说完，我给他们布置了这样一项任务后转身走出了办公室。

于是，三人“获得”了第一次检讨的机会。

下午，他们主动到校长办公室，检讨了在本次活动中的不足。

“很高兴你们能认识到自己工作上的不足。就这次活动，我想提几个问题。第一，让获奖家长分区就座，就能让家长快速出列并按照次序站好吗？第二，班主任知道了颁奖次序，家长就能明白自己站立的位置吗？第三，家长在行进队列中知道了自己的站位，到了颁奖台上就知道站什么位置吗？现在请你们带着这三个问题重新修订本次活动的方案。”

于是，他们聚在一起，重新修改了本次活动的方案，同时附上了第二封检讨书。

拿着修改后的活动方案，我笑了。

“知道吗？我们是不可能请家长到学校参加彩排的，所以我们的设计和安排必须让家长凭借简单的资料快速明了颁奖的整个流程，并清晰地知道自己在流程各阶段的准确位置。活动秩序不要奢望通过反复的彩排来获得，而需要我们对整个活动环节有缜密的设计。”

在定稿的方案中，获奖区家长的座位按照表彰顺序编了号，每个家长都有一个号牌，号牌上不仅有自己的编号，还有自己在队列中的站位，明确规定是几排几号。而在颁奖台的地面上，也贴上了小标签，小标签上的编号与家长拿到的编号一致。即便家长在队列行进中站错了位置或者掉了队，也能凭借手中的编号在颁奖台上准确找到自己的位置。这样，便能确保整个颁奖过程的流畅，而不会出现任何疏漏。家长颁奖一共有三轮，两个年级为一轮，每位家长的编号后分别编注（1）（2）（3）序号，括号里的序号即家长的颁奖轮序。活动开始前给家长讲清楚三个编号的意思，再指明行进路线，整个颁奖过程便不会有丝毫偏差。

得到了认同，三位组织者悬着的心终于落了下来。

第二天的活动圆满落下了帷幕，不论是活动的程序，还是活动的效率，每一个细节都赢得了家长的赞誉，同事们也对相关负责人的细致深感佩服。就在大家分享成功的喜悦时，我第三次找到了三位负责人，请他们就最初的预设和最后的圆满落幕，谈谈自己的收获和感悟。

第二天，三位负责人呈上了第三份“检讨”。

故事2

无情催开幸福花——用严厉和爱管理学生

“校长，你快去看看，李宛泰做了什么?”

我急忙跑去一年级老师办公室，一年级（2）班的张蔚老师正在用手帕轻轻地为小女孩妍妍擦脸，一边擦一边悄悄地落泪。妍妍的脸上完全被各种颜料遮盖了。妍妍性格内向，喜欢一个人安静地坐着，就在刚才的课间，李宛泰居然用彩色笔在妍妍的脸上“涂鸦”，不是涂几笔，而是将整个脸完全涂满，颜料带着油性，在尝试用清水洗不掉的情况下，老师赶紧拿来了香皂，一点一点抹上，再一点一点轻轻地擦拭。六岁的孩子，皮肤还太嫩，即便动作已经很轻很轻，三四遍清洗之后，细嫩的脸上还是开始微微泛红。为了减少对皮肤的伤害，只能清洗几遍，停下来等等，再清洗。就这样，洗洗停停，把妍妍脸上的颜料彻底清洗干净，差不多用了两个小时。而在这两个小时里，张蔚老师一直悄悄落泪。

提起李宛泰，没有一个老师不头疼。因为李宛泰，开学两周了，一年级（2）班都还没办法正常上课。刚从四川师范大学毕业的唐老师使出浑身解数，也拿李宛泰没办法。为了让班上的现状迅速改变，学校做出了开校以来首例在学期中换老师的决定，将本在成都龙泉驿任教的张蔚老师借调到锦西实小，接任李宛泰所在班级的班主任和语文老师。张蔚老师上班第一天，李宛泰便送上了这份"见面礼"。

接下来的每一天可想而知，每一天，李宛泰都会有"故事"发生，而每一次的故事，都是对张蔚老师教育智慧和耐心与爱心极其严峻的考验。

规则，我们必须遵守

张老师与李宛泰见面后的第三天，上午第二节课，离下课还有十分钟，李宛泰坐不住了，趁张老师转身写板书时，离开了座位，兴高采烈地在教室里转悠起来，还不停地做着鬼脸，同学们看着他，嘿嘿直笑。

"李宛泰，现在还没有下课，你应该回到你的座位上。"

李宛泰只是若无其事地瞟了张老师一眼，便继续自己的"表演"。

"李宛泰，现在还没有下课，你应该回到你的座位上。"

听到第二次提醒，李宛泰看也没看张老师。

显然，他是想将老师惹怒，将所有人的目光集中到自己身上来。读懂了他的心思，张老师没有再搭理他。"无论如何，绝不能让全班学生看到老师气急败坏地满教室追赶他！"张老师在心里默默告诫自己，因为，那样的

“精彩”一定是他内心期待的。

“同学们，请把黑板上的字母认真抄写两遍。”听到了任务，学生们立刻写起来，张老师开始巡视，仿佛恶作剧的李宛泰不存在似的。而班上的学生，也都安静地开始写作业了。瞧见没有“市场”，李宛泰的“恶作剧”没有升级，而张老师也再没提醒过他。

下课铃响了，张老师迅速走到李宛泰身旁：“李宛泰，你现在必须跟我去办公室，我们有事需要说清楚。”

没等李宛泰反应过来，张老师就把他拉进了一间办公室。这是老师办公室旁边的一个房间，房间里只堆放了一些桌椅，很少有人进来。虽然开学才十来天，但李宛泰进办公室可不是一次、两次了，若把他带到常去的办公室，一定收效甚微，所以要有点新意才行。就在刚才的课堂，看似平静的张老师，早已想好了“对策”。

果然，进入办公室，李宛泰眼里掠过一丝不安和胆怯，可能是因为他从来没来过这里，而且这里一个人也没有。但很快，他就摆出一种“看你能把我怎样”的气势，高高地昂着头，似乎一点儿也不把张老师放在眼里。

张老师深深吸了一口气，将心情平静下来，走到桌子旁边，放下书，慢慢地说：“李宛泰，好好想想，刚才在语文课上，你做错了什么？”

他没有看老师，从鼻子里“哼”了一声，头仰得更高了。

“其实，你知道你错在哪儿了，就是不承认，是吧？”张老师将目光平静地投向他，“没关系的，我会慢慢等你想明白。”说着，打开教材，备起课来。李宛泰什么也不说，一副桀骜不驯的样子。

很快，第三节课上课铃响了，李宛泰仍没任何反应，只是无所谓似的左看看右看看。张老师也像没事一样，继续做自己的事，仿佛他不存在。

十多分钟过去了，李宛泰有点不耐烦了，转过头对张老师说：“我想去上课。”张老师头也没抬，说道：“不可以。若还像上节课那样，你一节课也别想去上。”

李宛泰望着张老师的脸，感觉老师是认真的，便不再说话，眼睛盯着墙，仍没有认错的意思。

很快，第三节课下课铃声响了，李宛泰终于沉不住气了，开始在房间里走来走去，并偷偷地看张老师的反应。张老师故意头也不抬。他狠狠地踢了一下旁边的桌子，张老师仍然无动于衷。这下他气极了，大声吼道：“我要出去。”说着便向门口冲去。

“别费劲了，门已经锁上了。你必须把今天的事说清楚。哦，对了，如果你把门踢坏了，明天你就要和爸爸一起到学校把门修好。”面对李宛泰的气急败坏，张老师仍一脸平静地说，说完，又安静地开始备课。

吼叫、冲撞都无济于事，李宛泰的眼泪开始在眼眶里打转，小嘴噘得老高。而张老师呢，仍然安静地备课，仿佛内心没有一丝涟漪。

其实，张老师的内心哪里是没有涟漪呢？因为她知道，除去周一的“见面礼”，今天是李宛泰与自己的第一次正面交锋，今天，必须跟这个毫无规则意识的学生“熬一熬”。“熬”到他能自己认识到错误为止。要让他认识到，只要是学生，就必须遵守规则。规则意识不从现在培养何时培养？人可以有个性，也可以我行我素，但必须以尊重规则、遵守规则为前提。一个人，对什么都无所谓，什么都不怕，那才是最可怕的。一个人，必须从小有所敬畏，敬畏法律，就不会无法无天，干出违法乱纪之事；敬畏生命，就不会为了一点小事，轻易将自己的生命结束；敬畏自然，就会珍视环境、爱惜自然中的一切生命。学生虽小，但在原则面前，绝不可放松。教育人，就是要在具体的实例面前引导学生对规则的崇尚。明了了身为教育人的使命，张老师内心更加坦然了，因为，与学生之间的对峙，不是老师和学生之间的对峙，而是放任自流与坚守规则的对峙。

桀骜不驯一点点从李宛泰眼中退去，他渐渐明白：今天不把上课发生的事情说清楚，肯定是不行的了。就在第四节课下课铃快要响起的时候，李宛泰走到了张老师身边："张老师，我错了。"

声音很小，近乎于嘀咕。可是，在张老师听来，却是那么清楚。李宛泰入学以来第一次说出"我错了"三个字。接下来的交流就轻松多了，师生二人谈了大概二十多分钟，李宛泰向老师道了歉，并且向全班同学道了歉。

调皮男孩不一样的眼泪

"禁闭室"里的"对峙"之后，李宛泰尽管还是时常违反班规，但频率在不断减少。

一天午休后的自由活动时间，班长又把李宛泰带进了办公室，说李宛泰和同学在教室里打了起来。

张老师稳了稳情绪，轻声问他："怎么回事，李宛泰?"没等李宛泰回答，张老师发现李宛泰手背上有一道细细的血痕，应该是刚才和同学发生争执时留下的。"呀，流血了，疼吗?"张老师一边说，一边从抽屉里找出一张创可贴，帮他贴在伤口上。处理完伤口，张老师抬头看李宛泰时，发现他流泪了。

"张老师，是他先撞我的，不过我也有错。"说完，李宛泰低下了头。

原来，"调皮大王"的内心是如此的纯净、柔软。原来，只要老师不主观武断，一张创可贴便可化解学生心中的"坚冰"。从此，张老师和李宛泰越发的亲近了。

之后，虽然李宛泰仍是"麻烦"不断，但每学期他都会报名参加班长竞选；因为酷爱体育运动，李宛泰成为班上足球队的主力，每次学校足球比赛他都会为集体抱回奖杯；因为李宛泰大方、健谈，面对来校参观学习的领导、老师，总是主动热情地介绍自己和学校。2009 年，李宛泰以比较优异的成绩从锦西实小毕业升入初中学习。

在锦西实小，像张蔚老师和李宛泰一样的故事有很多，面对学生的顽劣，老师们是善于“笑里藏刀”的。“笑”是老师教育学生的态度，在锦西实小，你几乎见不到有老师向学生大声训斥；“刀”是原则，是教育人坚守的底线，不管花多大力气，费多长时间，原则必须坚守，不做半点让步。

2011年6月，吴钰茜、严宇燕老师所带班级获得全区语文、数学调研考试第一名，其班级学生整体书写优异，便是长期要求和培养的结果；吴黎老师所带的2004级（1）班六年中两次被抽中参加调研考试，两次都获得了第一名，而吴老师的严苛也是学生和家长喜爱而敬畏的；赵惠芸老师带的班级在升入三年级后完全实现了自主管理，哪怕一整天班上没有老师，学生依然可以按照课表有序自学或考试，这也是对规则严格践行结出的硕果。

要培育学生对规则的崇尚，作为教师，首先必须是崇尚规则的人。规则之内，人人方有自由。在校长或其他管理岗位的人一定深有体会，做管理工作，很多时候精力都用在跟人性的丑陋对抗上，“发现漏洞，恶意使用”是人的普遍心理，因此，不从生命本质的优秀上去提升教师、提升团队，学校是不可能发展的。从认识规则到接纳规则，从接纳规则到自觉践行，需要一个漫长的“化育”过程，而“化育”的过程一定有冲突、有对抗，其过程必定有痛苦，这时作为管理者或教师，必定是一种“严酷”的存在。但是，等到规则和行事标准完全内化，生命便拥有了“自觉”，迎来了“自由”。“规则唯美，真理至上”是锦西实小的校训，其实也应该是我们的人生格言。

18 该出手时就出手

当积淀超越羞涩，当成长沉淀为底蕴，潜心修炼的厚积薄发便成为一鸣惊人。

在一次金牛区教育局校长培训课中，专家授课的主题为“如何将新课程理念在课堂教学中真正落实”。在课上，专家提供了一节课例《葡萄沟》，课堂实录播放完毕，几位曾经教过语文的校长纷纷向专家提出质疑，指出该课的教学并没有很好地体现新课程理念。几位校长的质疑，被一一驳回。

课堂出现了片刻宁静。作为一名从事多年小学语文教学的老师，我要不要发言呢？按照自己的性格，我一般会保持沉默。但若是不站出来，岂不是错失了讨论新课程理念的机会？短暂的犹豫之后，我站了起来：“老师，请您把课件调整到教学目标。”

“通过刚才的教学实录我们可以看出，对于教学目标‘通过语言文字的赏读体会葡萄沟的美’和‘背诵课文第二自然段’，执教者是没有完成的。《义务教育语文课程标准》（2011年版）强调：‘引导学生丰富语言积累，培养语感。’若在课堂上无法将教学目标完成，语感的培养和语言的积累又如何能体现呢？

“《葡萄沟》这篇课文一共有四段，第一段介绍葡萄沟的位置和盛产的水果，第二段写葡萄的枝叶和果实，第三段写葡萄干的制作，第四段总结全文，概括葡萄沟是个好地方。其实两个教学目标的达成通过第二段课文的教学就能实现。”

接着，我将第二段课文的教学设计和盘托出。

“第二段一共有四句话。‘葡萄种在山坡的梯田上。茂密的枝叶向四面展开，就像搭起了一个个绿色的凉棚。到了秋季，葡萄一大串一大串挂在绿叶底下，有红的、白的、紫的、暗红的、淡绿的，五光十色，美丽极了。

要是这时候你到葡萄沟去，热情好客的维吾尔族老乡，准会摘下最甜的葡萄，让你吃个够!’

“这里可以通过赏读让学生体会葡萄沟的美，但并不意味着让学生读很多遍，而是每一次读都要有落脚点。我们以第二句话为例，这句话要抓住句中的四个关键词：茂密、四面展开、一个个、凉棚。这里可以这样设计：

1. 什么样的枝叶？读。

2. ‘茂密’是什么意思？突出‘茂密’，再读。

3. 枝叶怎样生长？哪个词告诉了我们？圈出‘四面展开’，读。

4. ‘四面展开’怎样理解？再读这句话。

5. 四面展开的枝叶像什么？突出‘凉棚’，再读。

6. 这样的‘凉棚’有多少？找到那个词语，你通过这个词知道了什么？突出‘一个个’，再读。

7. ‘一个个’让我们感受到葡萄沟的美，再读。

“七八个回合的诵读之后，学生怎能感受不到葡萄的美、葡萄沟的美呢？同时我相信，大多数学生在多遍诵读后，背诵自然生成。”

我以第二句话的教学为例，说明了小学语文教学的“品读”该如何着力之后，向专家陈述了我的看法。

“虽然刚才执教老师在课堂上让学生一遍又一遍地读，但每一次读都没有目标，学生也没有读出重点，没有读出变化，仅从这一点来说，这堂课离真正落实新课程理念，还有一段距离。”

我的话音刚落，教室便响起了热烈的掌声。停顿片刻后，专家用一句简短的话表达了他的惊讶。

“我想，即便在全国，能将语文课上到这个程度的人也不多吧!”

课间休息的时候，几位校长来与我讨论新课程理念，他们都认为我对新课程理念的理解很深入。几年前读《第五级领导者》时，对于书中一个基本的观念——天生羞怯的人能成为第五级领导者，还颇感疑惑，琢磨着面对大众不能侃侃而谈的人，怎么会成为“第五级领导者”呢？今天，我明白了：不喜欢也不善在人前发言的人，一旦发言便会语惊四座。这样的语惊四座，定是在若干年苦苦积淀基础之上的，只有当积淀超越羞怯时才敢于在“危机”面前“出手”。而这样潜心修炼之后的“出手”，在锦西实小走过了“常规发展阶段”之后，也成为锦西实小、锦西实小人的传承。

故事 1

最高奖励，是那座无虚席的礼堂

——赵惠芸老师的专题讲座

2010 年 7 月，应四川省小学教师培训中心祝帅老师的邀请，锦西实小优秀班主任赵惠芸前往四川省巴中市通江县为全县班主任做专题讲座。

接到任务，赵老师犹豫了。去吧，这是一次很好的锻炼机会，同时能将自己多年的班主任工作经验与更多同行分享。但是，自己又是一个不善言谈的人，除了班上的家长会，从来不曾在集体场合大胆发言，更不要说什么讲座了。赵老师拨通了我的电话，把自己的担心、犹豫告诉了我。

“要相信自己。你平时的工作很踏实，班级管理得那么好，你这次去是将自己管理班级的方法和大家进行交流，讲自己做的事情，有什么害怕的，不要把讲座看得有多神秘。去吧，别犹豫。”

得到我的鼓励和支持后，赵老师开始了准备。精心准备后，带着几许忐忑，赵老师坐上了开往通江县的汽车。

到达通江县已是晚上九点多。第二天，通江县恰遇狂风暴雨，赵老师在心里偷偷乐：这样的天气，这样的暴雨应该不会有很多人来参加培训吧？人少一点儿，出错的话也不会有太多人知道。这样想着，赵老师轻松了许多。

8:20 到达培训地点——通江县电影院礼堂，果然不出赵老师所料，会场里的人比想象中还少。赵老师的压力瞬间减小，心里暗暗感谢老天关键时刻的“搭救”。

主持人简单地向在座老师介绍之后，讲座便开始了。偌大一个主席台，只有赵老师一个人坐在上面，虽说因为人少压力减轻了不少，但毕竟第一次经历这样的场面，内心仍然“咚咚”跳个不停，开场白中的简单问候是带着几分抖颤的。神奇的是，当第一张幻灯片呈现在老师们面前，当告诉老师们今天交流的题目是“在丰富多彩的班级活动中引领学生成长”时，赵老师心里一下子平静了，平时跟学生相处的点点滴滴生动地向她走来，这哪儿是讲座，其实就是讲述自己和学生的故事啊！参加培训的老师们听得很认真，不停地做着笔记。

前半场讲座很轻松地结束了，身旁已经围了好多老师，有的要看看她的讲稿，有的要拷贝她讲座的幻灯片，还有许多老师索要了赵老师的电话和邮箱，希望以后能和她保持联系，希望能够随时向她请教……众星捧月式的场面是赵老师从未曾想到的。

下半场讲座开始，准备好一切抬起头，赵老师不敢相信自己的眼睛——原本只坐了一半人的礼堂，现在却只有几个座位是空着的，想着这狂风暴雨，想着早晨大家还议论这次参加培训的老师们离县城路途何等遥远……感动涌上心间。真诚地付出得到了热切的回应！会场里所有的老师都认真地听、专心地记，大家都沉醉在一个个生动的案例里、一个个精彩的故事中。

午休时，很多老师迟迟不愿离去，都想和赵老师一起聊聊关于班级管理的话题。最让赵老师难忘的是一位大约四十岁的女老师，那天上午的活动结束后，她第一个冲到赵老师身边，借了赵老师的讲稿，说自己不会电脑，要利用午休的时间抄讲稿上的内容。得到老师们如此的信任和喜爱，赵老师的内心温暖而感动，为自己，更为这些身处偏远地区的纯净而美好的教育人。

下午的讲座，赵老师提前十分钟来到会场，却惊讶地发现会场里已经坐满了参加培训的老师们，此时的礼堂座无虚席。尽管没有迟到，但赵老师仍有些自责，因为这么多的老师来得比自己更早。刚一进礼堂，中午借讲稿的老师来到她的身旁，双手将讲稿递交给赵老师，并连声致谢。赵老师翻开讲稿，中间夹着一张纸条：

“赵老师，你的班级管理办法让我学到了很多，我的年龄比较大，有些时候做事比较死板，新学期开始后，我会试着用你教给我们的方法去管理班级。希望我们能成为朋友，我的联系电话是……”

下午的讲座，不用说，也知道是何等的顺畅了。三个小时后，讲座在经久不息的掌声中结束了。坐上回成都的汽车，主持人简短的总结不断在赵老师耳边响起：“今天的天气十分不好，可是今天来参加培训的老师却出奇得多，有的老师上午听了赵老师的讲座后打电话给同事，说今天的培训不参加一定会后悔，于是就有更多的老师来了。赵老师的讲座实践性很强，给在座的朋友们很多启迪和帮助……”

望着窗外急速退去的树木和农田，赵老师笑了。一路回味，一路欣慰。是啊，讲的就是自己平时做的，有什么可怕的呢？对于勤勉者与务实者的奖励，莫过于那“座无虚席的礼堂”。

故事2

“鸟”鸣京城——陈明华老师教学《鸟鸣涧》大获成功

“你的爱徒将课上得十分精彩！谢谢您！”课刚刚结束，徒弟陈明华都还没来得及将消息发来，中国教育学会教育机制研究分会的丁梁老师已按捺不住内心的激动，先将这个消息通过短信告诉了我。

这次上课，陈明华是应中国教育学会教育机制研究分会之邀，带着锦西实小多年语文教学研究成果，去接受全国各地的语文老师和语文教育专家们的检验的。接到邀请时，陈老师内心是激动的，随之担忧和焦虑袭来：中国教育学会教育机制研究分会主办的这次活动，除陈明华外，受邀的都是全国知名的小学语文“大家”，他们对语文课堂早已驾轻就熟，而来听课的老师，几乎都是慕“大家”而来，自己只是一个无名小卒，万一与“大家”形成太过鲜明的对比，自己丢脸还是其次，关键自己是代表学校，代表锦西实小语文教师团队多年的教学研究啊！看起来是自己在专家面前接受检验，其实，真正检验的，是锦西实小多年的语文教学主张和语文教学课堂。肩负如此重任，陈老师的压力可想而知。虽然出发前，陈老师已经将课磨了足足几十遍，但内心仍然期盼自己的课能先上，或者不要跟“大家”在同一天上。

担心什么，偏偏就会遇到什么。抵达北京后，陈老师了解到自己的课是第三节，之前的两节课是薛法根老师的。于是，原本紧张的他心中更添紧张。

但“丑媳妇终要见公婆”，上午 10：00，陈老师携古诗《鸟鸣涧》登上了讲台。以“微笑”为话题的导入，缩短了师生第一次相见的拘谨，而以“涧”字字形的构成“读”出的《鸟鸣涧》的简笔画，则一下子活跃了学生的思维。四十分钟的课，仿佛眨眼的功夫就结束了，精妙的教学设计、清新的课堂风格、精彩的课堂生成、睿智的互动回应、深厚的文化底蕴激起了台下阵阵掌声。而在之后与全体教师的互动环节，陈明华老师所作的关于青年教师成长的主题报告，引起了在场教师的强烈共鸣。在回答了老师们关于古诗教学、学校教研活动组织及语文教学与文化传承之间的关系等一系列问题后，陈老师又与全国著名特级教师张光璎一起，侃侃而谈，展现出了一名后起之秀自信、大方的学术风范。可谓稚“鸟”鸣京城！

会后，一位听课老师这样写道：

看了陈明华老师执教的《鸟鸣涧》，除了感受到陈老师的用心和刻苦之外，我印象最深的就是这堂课紧紧抓住了诗句中的一字一词，在循循善诱下，让学生经历了主动学习的过程，且学得有情、有趣。语文，浓缩成一个字就是“情”。而情从何而来呢？在语文教学中，当然主要是通过揣摩语言文字进而生发感情。具体到陈老师的这节课，我没有看到纷繁复杂的多媒体展示，没有看到声光电俱全的舞台效果，看到的只是对一字、一词、一句的品味和学生从懵懂到恍悟的过程。陈老师这节古诗教学课没有落入先“读通读顺”，再“了解意思”，最后“体会情境”的俗套。他在疏通字音障碍后没有让学生借助注解了解诗句的意思，而是让他们找出诗句中的景物和对应的特点。事实证明，这个方法在这节课上效果很好：学生通过找到相应的字词不但了解了诗歌的大概意思，而且提出了“‘人’是不是景物”“‘春’是不是‘涧’的特点”这样的问题，就好比是往平静的水面上投了两块大石头——必然激发学生思维的活跃——学生活跃了，这堂课也就生动了……

其实，陈老师在这次与全国名师同台献艺之前，曾带着《大瀑布的葬礼》《闻官军收河南河北》等精彩课例到四川省乐山市献课；曾连续三年受四川省甘洛县教育局之邀前往甘洛县，为全县小学语文骨干教师做“让孩子在书香世界里结伴而飞”“携孩子搭建一座精神的家园”“徜徉于语文课堂的两个世界”等主题培训；曾带着《鞭炮风波》《听，是谁在唱歌》等作文教学课例前往成都龙泉、重庆资中等地献课；曾受浙江省儿童阅读推广研究中心之邀，带着《一百条裙子》班级读书会案例前往浙江省江山市，在全国第六届班级读书会暨儿童阅读体验式研习论坛与全国各地的老师分享；曾带着绘本阅读课《我讨厌书》前往新加坡，与那里的老师和同学们展开教育对话……

一次历练，留下一次足迹，学术交流的足迹正渐渐向四面八方延展。前方，一位研究型教师的成长之路还在无限延伸……

有了第一次勇敢的“出击”，之后的几年间，赵惠芸老师频频被各地的教育主管部门、培训机构和学校邀请，为老师们做关于班级管理的主题报告。其以“事事有人做，人人有事做”为出发点构建的“班级自主管理框架设置与操作模式”为广大一线教师所喜爱。植根锦西实小的赵老师，努力将自己的教育经验与更多的同行分享。锦西实小培养了一大批优秀教师，陈颖、董莉、赵惠芸、陈明华只是其中的代表。在徐军、晁薇萍、李雪、谢薇、朱文乐等近20位老师中，有擅长学科教学的，有擅长班级管理的，有擅长活动创设的……他们应邀到各地讲学。一所学校的影响力，不仅仅是看校长，团队中的每一个成员都是学校的一张名片。如果每一个成员都有厚积薄发的精彩亮相，团队的优秀就会有目共睹。

19

用双手装点校园的美丽

世间真正的景致，是万物之间的诉说和聆听，是彼与此相互的欣赏、交流与启迪。

还没有进入锦西实小的校门，葱郁的树叶便伸出围墙在欢迎你的到来，那是校园两侧的大榕树在静静地等待与欢迎。走进校门，你会发现大榕树下有一个小小的牌子，牌子上是充满童趣的文字：

"我是大榕树，我的老家在乐山市犍为县敖家镇。2005 年 8 月 31 日，我从老家来到锦西实小，从此，这儿就成了我温暖的家。"

两棵榕树高大而茂盛，当初移栽的时候，除了主要的枝干外，多余的枝叶都被剪去了。如今，几年时间过去，两棵树已长得极其繁茂。当初，两棵榕树，是我老家的朋友捐赠的。其实，校园里没有花钱种下的，岂止是这两棵榕树，还有水池边那株牡丹栀子，还有"相约阳光"处的一株玉兰和一株连理榕树，还有操场边高大的天竺葵，还有校园处处站立的丹桂和金桂……锦西实小人已经习惯用自己的双手装点校园的美丽，已经习惯动用各方资源为锦西实小添色。

故事 1

"有爱就有天堂"——锦西实小毕业学子捐建景点

2006 年 6 月，学校将送走首届毕业生，这在锦西实小的办学史上是极富纪念意义的。学生就要跟学习、生活了六年的母校告别了，他们期望能将自己美好的祝福留给母校，将对未来人生的探索和向往留给母校。2005 年寒假，由陈秀华、张萍、熊文等家长志愿者发出倡议，2000 级全体学生和家长捐赠 13680 元，购回了两棵银杏树和一个四角木亭。2006 年 3 月 12

日，一大一小两棵银杏树在锦西实小安家了；3 月 27 日，一个四角木亭也在这里安家了，它被安放在两棵银杏树中间，银杏树下盛开着火红的月季，鲜艳的红辉映着它，芬芳的香浸润着它。这儿成了学生留恋的角落。

2006 年 4 月 20 日，一个阳光明媚的日子，2000 级四个班两百多名学生来到树下，深情地诉说，并纷纷为这处景点命名。

乐心亭

每个人都会有不开心的事，如果遇到了不开心的事，就到乐心亭里坐一坐，用平静、快乐的心，去面对每一件不顺心的事吧！

——2000 级（2）班　李沛汐

童年伊甸园

我为景点取名为“童年伊甸园”。因为我们的童年是美好的，是无法忘记的。我们马上就要毕业了，我希望我们的母校永远美丽，就像伊甸园一样，因为伊甸园是最美丽的。希望母校永远美丽，希望锦西实小人智慧、健康。

——2000 级（4）班　戴东升

岁月留香

银杏树和四角木亭凝聚着我们六年小学生活的美好回忆，安静的亭子和成长的银杏树将为学弟学妹们展现学长的情趣与风范。它就像一本书，书中有多姿多彩的校园生活，有许许多多的感人故事，永远充满着生命的芳香。

——2000 级（1）班　卢茂婷

有爱就有天堂

其实，我之所以为这处景点取名为“有爱就有天堂”，是因为我觉得六年了，两千多个日子就这样无声无息地从我们身边溜走了。我们在这里获得了许多知识，但是我相信，在同学们心中，“友谊”二字的分量一定更重！在人生的旅途中，大家因为有缘才会相遇在人生的同一条船上，可是这条船会不断有人上，有人下。但不管我们走到哪里，六年来我们在锦西实小播下的爱的种子都会生根、发芽，并结出丰硕的果实，锦西实小永远是我们心中向往的胜地。这份爱，将让美丽的锦西实小永远朝气蓬勃，永远是一个爱的天堂！

——2000级（4）班　田　盈

名字还有很多：“雨鸿轩”“永恒的春天”“追忆亭”……经过学生的投票，这处景点最终被命名为“有爱就有天堂”，学生对母校的祝福和对未来生活的向往就像种子一样深深地扎进了锦西实小的土地，学生的心永远平和而宁静地搁在这片土地上。高大的银杏树、玲珑的四角木亭，不仅是学生童年的见证，也将成为他们魂牵梦萦的地方。

继2006年之后，每一届毕业的学生用自己的零花钱在学校捐建一处景点便成了锦西实小的传统。2007年，“守望·梦之翼”建成；2008年，“生命如花大道”建成；2009年，“相约阳光”建成；2010年，“忘忧谷”建成；2011年，“规则唯美，真理至上”建成。2000年建校时还十分简陋的锦西实小，因为爱、因为奉献，变成了生命成长的乐园。

故事2

“智慧树下”——精心装扮下的教师阅览室

当最后一片叶子被挂到枝条上，一棵葱郁的树就展现在大家眼前了。

看看手表，时针已指向晚上 9:00，饥肠辘辘的一群人，没有忙着去吃饭，而是兴奋地聚集到树下，与自己的劳动成果拍照留念。闪光灯亮起的瞬间，11 个身影与葱郁的树一同定格在夜间宁静的校园。

2005 年 9 月 2 日，教师阅览室建成，为了节约成本，老师们决定自己动手装饰阅览室。尹晗、孙宏奎、潘波、陈灵等 11 位老师被分在一组，负责为教师阅览室“种下”一棵树。接到任务，一帮人忙开了，11 位老师分成四组采集原材料。

一组到附近农民家，落实树干。

一组负责割牛角藤，用作树的枝条。

一组到花卉市场，购买花盆和白色的小石子。

一组到批发市场，买树叶。

两个小时后，所有的原材料备齐，“艺术家”尹晗开始构思和指导大家组装。原以为将这些原材料一一拼凑就大功告成了，但实际操作起来却没那么简单。特别是树干，从农民家里拖回来的枯树，要放在室内，得用锯子把树锯成需要的式样。虽然 11 个人中有 4 个是小伙子，但没有人使用过锯子。平日里，看到锯子在木匠师傅手中运用自如，还以为很简单，今天自己一用，才知道不是那么回事，两人合力拉一个来回都要用很长时间，而且锯出的口子还不朝着预设的方向延展。于是，大家轮番上阵，把树锯成“设计师”心仪的样子差不多用了一个小时。

接下来的事情就轻松多了，成型的树干被“种”进了白色的花盆里，带回来的三袋小石子作为“土”将树桩固定。树在阅览室“立”起来了，姑娘们将购回的一串串叶子均匀地绕在树枝上，牛角藤便从树干与屋顶的衔接处向屋子四周生长，欢声笑语将当晚的忙碌推向高潮。

一棵葱郁的树完成了。最后，11 位锦西实小人拍照后又给树取了好听的名字——智慧树，而教师阅览室，便在一周后正式命名为“智慧树下”。

这句话是锦西实小人对阅览室的寓意：博古通今，纵横世界，尽在葱茏的智慧树下。

像自制“智慧树”这种事，在锦西实小，又岂止一例。

“一帘幽梦”是教学楼办公区的天井。建校时，天井是用玻璃窗封闭的，不仅不透风，而且玻璃脱落可能会伤及底楼天井里打乒乓球的学生，于是在2004年暑假学校将其全部拆除，并在窗台上增加了15厘米高的花槽，一是为了使护栏高度达标，确保安全；二是美化的需要。花槽施工完毕的第二天，全体老师都留下来加班，为一到四层的花槽种花。花儿是老师们精心挑选的，有兰草，有常青藤。兰草喜阴，耐干；常青藤好活，易种。两种花草采取间种的方式。第二年春天，当兰草抽出花芽，幽香满园的时候，常青藤也在微风中长成了绿色的帘子。于是，浪漫的锦西实小人便将办公区的天井称为“一帘幽梦”。

2006年6月，首届毕业的学生捐赠的“有爱就有天堂”建成。次年春天，甘艺琳老师，利用周末，与年级组的伙伴们一起到花卉市场买回了七株蔷薇花，种在了“有爱就有天堂”的四角木亭四周，一个月后，红色的蔷薇花开满了亭子。

此外，还有“月季园”“栀子苑”“梦的家园”“阳光长廊”“静心小站”“读书阁”……室内的、室外的，一个又一个主题区在校园诞生，在校园成长。锦西实小，真的如2000级学生所期望的，成了爱的天堂。漫步锦西实小，时时能感受到宁静、祥和与美好。

2000年以后，“学校文化”成了办学者口中一个很时髦的词，大凡介绍学校，无不跟“文化”沾边。“观乎人文，以化成天下。”“文”要能“化”人，才能称为“文化”。锦西实小所有的老师和学生用自己的双手，从一株花、一棵树开始，一天天让校园丰满起来。到过锦西实小的朋友无

一例外都会喜欢这所小小的学校，喜欢校园里的景色。他们说："漫步锦西实小校园，很舒服。"这舒服便来自校园的一花一木都会讲故事。随意看到的一株花、一棵树，它们怎样来到锦西实小，怎样安家锦西实小，背后都藏着生动的故事。正是一处一处的生动，生发出锦西实小校园"化人"的力量。无论春夏与秋冬，无论清晨与傍晚，锦西实小人只要驻足，都可与校园里的花、草、山、石对话，它们已成为锦西实小校园文化不可分割的部分。

20

带着爱，走入教育生命的孤独

世间一切的相遇都是缘分，孤独是生命的永恒，当日日的相守重归相望时，唯有祝福长相依！

故事讲到这儿，已经接近尾声了。跟随着故事，我们欣喜地看到，锦西实小如同一个孩子般长大了，长大的锦西实小，有了优雅的校园环境，有了具有鲜明特质的校园文化，有了一帮有追求、有梦想、有担当的教育寻梦人，如同一艘船，快速而平稳地航行着。2011年4月，从新加坡游学归来，我的身体状况一落千丈，此时距离2006年1月发现“心脏主动脉瓣关闭不全”也已过去了五年多的时间，主动脉瓣返流达到重度，严重时走路都困难。理智告诉自己，不能再强撑了，长大的锦西实小，已经可以自己前行。“放手吧”，心灵深处一个声音对自己说。

经过两个月的深思熟虑，2011年6月，我向教育局提交了辞去校长职务的申请。打定主意放下后，我把消息告诉了锦西实小的伙伴们。甘苦与共11年凝聚的情意，怎么舍得分别呢？我告诉伙伴们，人与人、人与万物之间都必得经历三个阶段：相望，相守，相望。从相望到相守，我们是庆幸、欣喜；从相守回归相望，不舍中唯有祝福。

2011年6日29日，是学期末总结会，也是今生最后一次主持全体教师会。依然是两个小时，依然是对学校工作尽可能周全地分析与阐释，但是，整个总结会，却因为离别，充满了忧伤与不舍。副校长陈颖已在前一天晚上流着泪写下了小诗《作别》，总结刚一结束，才女程琦深情的诵读便在会场响起——

作　　别

阳光下，

三角梅绽放着美丽，

炫彩中难掩淡淡的忧伤！
她要与你作别，
为你——
曾经播撒下的每一个希望！

长廊边，
栀子花吐露着芬芳，
花香里渗着点点的离愁！
她要与你作别，
为你——
曾经灌溉的每一滴甘露！

池塘中，
沉静的睡莲悄然舒展，
淡紫中透着无比的眷恋！
她要与你作别，
为你——
曾经驻足时每一道赞赏的目光！

花园里，
榕树依旧高大蓬勃，
枝叶间流泻着万般不舍！
她要与你作别，
为你——
曾经付出的每一次奔忙！

就在这馨香四溢的时节，
你选择了离别，
离开与你心灵相通的兄弟姐妹，
离开与你朝夕相伴的锦西校园。
尽管这让我们的内心焦灼与忐忑，
久久不能释怀，
但，
我们依旧衷心祝愿，
祝愿你未来的路上，
健康、快乐、幸福、美满！

淡淡的音乐声中，往昔的岁月如画面般涌上心间，十一年，四千多个日子，身为引领者，自己何曾有过一天放下呢？就像当初买房子，都专门选择了紧邻学校的住宅，为的就是可以天天看着学校，可以天天陪着学校，没有想到，有一天，自己居然会离开锦西实小，离开锦西实小的伙伴们。

朗诵结束后，朋友们依序将写有祝福语的卡片折叠成心形，投放到早就准备好的透明盒子中。而这一张张小小的卡片，成为我永远的珍藏——

感谢您的认可与培养，敬仰您的智慧与执着！愿这一张小小的卡片能将我的感激与祝福带给您：身体健康，幸福快乐每一天！

——唐铁

未来的路还很长，请记得走走歇歇。

——陈颖

一路成长，感谢您不断地鞭策、帮扶和激励，道不尽深深祝福！

——林莉

您，我们永远的校长；我们，您永远的兄弟姐妹！

——尹晗

看您，想您，读您，恋您！

——乐乐

您灿烂的笑容是我最温暖的记忆！

——林琳

……

一句句祝福，是一颗颗滚烫的心。所有的人，都是一样的心绪，一样的不舍。真的要离开锦西实小，内心确有太多的牵挂和期盼。世间万物，相聚是短暂，别离是永恒，有幸与锦西实小相依相伴11年，是我今生的福分。锦西实小11年创造的教育奇迹，是因为所有生活其间的人，每个人都找到了自己应有的位置，每个人都在自己的位置上尽职尽责，锦西实小人生命的高度自觉孕育了和谐，而和谐孕生了神奇。作为“创建校长”，我能在最后时刻为锦西实小做些什么呢？

两个月后，也就是2011年8月30日，金牛区教育局领导到学校见证“新老班子”交接。提前一天，我写下了下面的文字，作为献给锦西实小最后的礼物——叮嘱。

十一年锦西实小，是一个教育的奇迹，这个奇迹，是由我们所有的锦西实小人共同创造的！如今，要放手让锦西实小自己向前走了，如下的文字与同伴们分享——

给管理者的叮嘱：真诚友善地对待每一位老师！

正如我们自己都不完美一样，每一位老师也都有自己的优势和不足。愉悦地去欣赏他们的长处，宽容地去接纳他们的瑕疵。

生活是浩瀚的海洋，身为管理者，不论我们的洞察力有多强，我们永远不能知晓生命的全部，每一个生命的内心都有一隅是为自己留守，当我们看到一个不能为我们所容忍的表象时，要学会冷静，学会换位思考与阳光思维，切忌轻易通过某件事或某一现象就对某人盖棺定论！

作为管理者，请学会自己思考与观察，要慎听传言，哪怕传言者标榜那是真理！上苍给了我们一双眼睛，是要我们去观察；给了我们大脑，是要我们去辨别。上有好者，下必甚焉！只要我们有丝毫喜欢窃窃私语的征兆，身边便会迅速聚集势利小人。

对成熟教师的叮嘱：固守生命的美丽。

十一年团队的纯净，与成熟教师的引领是分不开的。成熟的教师，更少功利与世俗，虽年过不惑，依然怀揣童真与纯粹……乐乐老师的笑颜、严老师的真诚、阿甘的淡然、刘老师的感性、韩老师的精细……都已化作锦西实小文化的一部分！之所以生命在走向成熟后还依然芳香，其本质是因为我们没有让生命淹没在世俗的尘埃里。未来的日子，希望你们一如既往，不要让生命在平凡中走向平庸！

对年轻教师的叮嘱：坚持人生的梦想，以控制与忍耐修炼生命。

成功只有一个诀窍，那就是坚持！在我们年轻的时候，请不要去取笑、轻视任何一个进入中年或老年的事业平凡者。十一年来，一大批优秀的年轻人成长起来。今天的成长，并不意味着明日的成功，更不标志着生命本质的优秀。因为，生命真正的优秀是要用一生去印证的。所有的生命在年轻的时候，都憧憬，都向往，都踌躇满志，都意气风发，但笑到最后的，却唯有坚持者！

十一年来，对于诸多的年轻人，在我看似“冷酷无情”的背后，实则给了你们极大的宽容与迁就。你们可以大声争辩，可以不接电话，可以做校园里的独行侠，甚至可以翻脸忘却自己的诺言……此刻，提及这些，不是要你们感激，而是对你们未来的路深深担忧，希望你们记住，你们已是成人，忍耐与控制是生命的必修课！能在你们若干次孩子气之后，原谅你们、爱你们，纯属个人感悟，但你们没有资格要求别人这样做，世间没有任何人有义务一定要去迁就他身边的某一个人。要记住：你有脾气，别人一样有脾气。不跟你计较，是因为别人的修炼比你更胜一筹。这么多年来，年级组的老师、你的同伴给予你的包容是你生命中最宝贵的财富，要珍惜，更要在将来的日子里努力跟紧生命成长的步伐。

对后继者的叮嘱：在融入与传承锦西实小文化的基础上，创新与发展锦西实小文化。

锦西实小，已拥有自己鲜明的办学理念，形成了自己鲜明的办学特色。作为团队的引路人，首先要去理解，在融入锦西实小文化之后，努力地去传承。被若干事实证明了的常规、活动，不要轻易去怀疑和修改。如若要改变，必是因为改变后的常规活动可以引领锦西实小向更大的辉煌迈进！

2004年以后，锦西实小迎来了诸多的参访者，他们没有一个是失望而去的。身为校长，要不断去参悟教育、参悟生命，以推动“生命为本”的教育向纵深发展。

朋友们，我们都是生活在时间里的事物，伸出手去，再收回来展开，手心里只有虚无。每时每刻，我们都处在生命两种永恒的际遇里——等待与别离！我们在等待下一个时刻的时候，又正与当下的时刻告别。因此，对于生命，离别是永恒，相聚是短暂，孤独是生命的常态。但怀着爱与创造走向孤独，路的尽头，一定是梦想和信念在等待！

祝福锦西实小，祝福锦西实小的兄弟姐妹们！

我不知道这世间还有没有人会比我更爱锦西实小，也不知道未来还有没有一所学校、一片土地能让我毫不吝啬地倾我所有？锦西实小给予我的生命成熟与厚重，是我一辈子都感恩与铭记的。缘分了却时，告别是最好的归宿，一首小诗，为锦西实小的成长与奋斗尘封。

我愿我的思想，
化作清风，
在你的耳边轻吟浅唱……

我愿我的思想，
化作小河，
在你的身旁静静流淌……

我愿我的思想，
化作星光，
在你甜美入睡的时候，
钻入你梦境的深处……

但是，朋友呵，
有一天，我终将离去！
当你看到——
我亲手栽种的榕树上
绿叶在闪光，
亲手浇灌的花朵上
笑颜在绽放，
那，就是我的灵魂
长久地栖息与陪伴！

后 记

绿叶对根的情意

——写在书稿形成后的日子

“不要问我到哪里去，我的情牵着你；我是你的一片绿叶，我的根在你的土地……”

悠扬的旋律又在耳边轻轻响起，望着桌上静静陈放的书稿，泪花中又看到了你们熟悉的身影：一路上，感谢你们——姚文忠教授、班华教授、刘海燕教授、刘裕权教授、张乃文所长等专家的悉心引领。无论是初来成都时的稚嫩，还是找不到前进方向时的迷茫，你们从来就不曾怀疑，你们总是耐心地等待，等待我在感悟中慢慢成长。在书的初稿出来之后，你们又忙碌着为我修改，为我写序，你们的名字已深深地镌刻在我的心底。正是这点点滴滴的渗透才有了一片绿叶的生机!

11 年间，是成都市金牛区先后四任教育局长：邓道义、李沛、肖剑书、文贤代及其领导班子对学校的关心和关注，才使得年轻的锦西实小有了今天的发展，才使我得以在这方天空里寻求教育的灵感与智慧的火花；是你们宽宏的胸怀包容我特立独行的个性，才使我得以在静谧与悠然中去追寻生命中不能割舍的梦想。这份包容和关怀，不正是根对绿叶的情意?

“不要问我到哪里去，我的情牵着你；无论我停在哪片云彩，我的眼总是投向你……”

歌声中，三位慈祥的“妈妈”走来了——老校长王华倩、教育专家敬娥君、特级教师冯先蓉。你们用自己对教育的情和爱感染着我，激励着我。团队引领中，思维的火花，是您——校长妈妈点燃；对事业的执着，是您——敬妈妈熏陶；对万物的爱，是您——冯妈妈滋养。对我每一次病中的担忧啊，已胜过担心你们自己，这又怎能不是根对绿叶的情意？

“不要问我到哪里去，我的路上充满回忆……”

四千多个日子，哪一段记忆里能少了你们——我锦西实小的兄弟姐妹，欧阳大姐的勤勉、乐乐的聪慧、陈颖的沉静睿敏、周骞兄弟的率直、林琳小妹的善解人意……五十多个兄弟姐妹的情怀已成为我今生最宝贵的收藏。你们把信任与期待毫无保留地给了我，多少次灯下伏案，多少回废寝忘食，我从来不曾听到你们有一句怨言，从来不曾看到你们有一丝退却……书稿中的行行文字，是11年携手耕耘的足迹，是11年奋斗的见证、友谊的见证、锦西实小精神的见证！回忆的路上，又怎能少得了你们——与锦西实小风雨同舟的家长朋友：刘波、熊文、张萍、喻淑贤、孙素霞、何京太……两千多位家长用自己的真情，谱写了一曲曲爱与奉献的乐章！

回忆的路上，充满着孩子们欢快的笑声，活跃着孩子们灵巧的身影。正是聆听了一次次生命拔节的美妙乐曲，我对生命才有了一次超越一次的启思！

“不要问我，你不要问我到哪里去；我是你的绿叶，我的根在你的土地……”

歌声中，茉莉淡淡的清香又飘来了。四十几载春秋，勤劳朴实的父母默默用双肩为我撑起了一片天空；病倒在床上的日子，是哥哥、姐姐和妹妹的爱化作滴滴液体重为我找回健康；一天天长大的孩子对教育、对事业逐渐有了清晰、透彻的理解，带给我一次次心灵的柳暗花明；而无数次伤心落泪时，是深爱我的丈夫用他宽厚的肩膀给我做了静静栖息的港湾……年年茉莉飘香，年年关怀依旧。

“如果我在风中歌唱，那歌声也是为着你……”

书稿的墨香幽幽地散发在流畅的旋律中，我双手合十，闭上眼虔诚地祈祷：愿所有给予我成长路上帮助的人平安、幸福；愿所有给予我启思的生灵健康、快乐；愿我自己和自己的生命也在这启思和帮助中一天天更加幸福，更加美丽！

李其玉

江苏凤凰教育出版社
《行知工程》系列丛书目录

系列	序号	书　　名	主编	定价
教育管理力系列	1	《让普通学校崛起的20个细节 ——“生命为本”教育团队成长密码》	李其玉	30.00
	2	《“走”出教育的精彩：走动式学校管理文化构建》	罗　军	30.00
	3	《校长兵法：学校管理四十六计》	皮大鹏	30.00
教师修炼系列	4	《教育，爱与宽容——教师心灵礼仪修炼》	许力争	30.00
校本研修系列	5	《卓越教师经典研修成长策略》	刘天宝等	30.00
	6	《校本研修资源的开发与利用》	陈朝林	30.00
	7	《校本研修与教师专业成长》	吴积军	30.00
	8	《特色校本课程开发范例解读》	刘永平　李秀伟 张雪梅	30.00
	9	《高效校本研修模型构建艺术》	刘素雁	30.00
	10	《走向实践的教研——中小学教育科研引领与应用》	江　敏	30.00
班级文化系列	11	《活力班级的文化建设》	胡　珏	30.00
	12	《做幸福的班主任》	吕　丽	26.00
教育家核心思想系列	13	《叶圣陶谈阅读》	叶圣陶 著 李怀源 选编	30.00
	14	《多元智能理论的本土化应用》	刘治富	30.00
	15	《大教育家最具施教力的教学思想》	白刚勋	30.00
高效能教学系列	16	《高效能教师的10个好习惯（中学卷）》	张　瑾	30.00
	17	《让作文落地生根——提高写作实效的教学策略》	黄桂林	30.00
	18	《高效能作文教学5项修炼》	陈步华	30.00
	19	《高效能校长的10个好习惯》	张　勤	30.00
	20	《高效能教师的10个好习惯（小学卷）》	谢　英	30.00
	21	《高效能语文教学5项修炼》	王其华	30.00
新课程探索系列	22	《语文新课程的批判与重建》	葛桂斌	30.00

系列	序号	书名	主编	定价
美国名师教学译丛	23	《美国名师游戏教学本土化应用：幼儿园》	（美）玛西娅 L. 泰特 著 胡珍 瞿菁 编译	30.00
	24	《美国名师游戏教学本土化应用：小学英语》	（美）玛西娅 L. 泰特 著 杨永华 张心影 编译	30.00
	25	《美国名师游戏教学本土化应用：小学数学》	（美）玛西娅 L. 泰特 著 谢艳红 编译	30.00
	26	《美国名师游戏教学本土化应用：小学科学》	（美）玛西娅 L. 泰特 著 刘丽萍 编译	30.00
	27	《美国名师游戏教学本土化应用：小学社会》	（美）玛西娅 L. 泰特 著 姜梅芳 编译	30.00
	28	《美国名师游戏教学本土化应用：小学音体美》	（美）玛西娅 L. 泰特 著 尹立志 编译	30.00
鲁派名师名校·教育探索者系列	29	《悦读立人——校园阅读文化体系构建策略》	杨世臣	30.00
	30	《教育智慧何处来——一位特级教师的思考手记》	付立金	30.00
	31	《和雅文化——校本课程的创新构建》	汤善香	30.00
	32	《让个性绽放精彩——学校课程体系整合与创生》	谢建伟 徐淑萍	30.00
	33	《让每个学生都幸福——最能润泽生命的学校文化建设》	谢建伟 张新喜	30.00
创新教学探索系列	34	《神奇的阅读教室——带学生踏上美妙的阅读之旅》	李祖文	30.00
	35	《打造有生命力的课堂 ——“两步八环节”教学模式探索与实践》	查联智	30.00
	36	《最能培养学生探究能力的课堂 ——小学科学与信息技术单元整体课程实施与评价》	李怀源	30.00
	37	《最能激发学生运动天赋的课堂 ——小学体育单元整体课程实施与评价》	李怀源	30.00
	38	《最能提升学生艺术素养的课堂 ——小学艺术单元整体课程实施与评价》	李怀源	30.00
	39	《“生命语文”探索——焕发语文生命力的思考与实践》	王自成	30.00
	40	《粘连作文教学：让习作成为有个性的自我建构》	黄瑞夷	30.00
	41	《备学式教学——在体验中建构数学思维》	单广红 范雪梅	30.00
	42	《向着自主进发——自主教育的创新实施智慧》	朱亚红	30.00
	43	《写中学——让学习更有效的学科写作教学》	钟传祎	30.00
	44	《小学科学实验总动员 ——大科学课堂有效提升学生创新力》	江美华	30.00
	45	《小学语文单元整体课程实施与评价》	李怀源	30.00
	46	《小学英语单元整体课程实施与评价》	李怀源	30.00
	47	《小学数学单元整体课程实施与评价》	李怀源	30.00

系列	序号	书　　名	主编	定价
生态化校园系列	48	《点燃学习的激情——构建校园生态化学习型组织》	杨树岳	30.00
	49	《课改突围——构建学校生态化教学体系》	杨树岳	30.00
教育新思考系列	50	《语文教育向何处去》	王　丛	26.00
	51	《教育，就是做好普通的事》	孙志毅	27.00
	52	《走出语文的偏见——让学生体悟文本的原义》	丛智芳	30.00
	53	《让语文教学更高效——批注式阅读教学探索》	韩中凌	30.00
	54	《读写互促——探寻学以致用的语文教学》	曹　龙	30.00
	55	《跳出数学教数学——用文化融通数学教学》	马建秀	27.00
名师感悟系列	56	《让心灵伴着歌声成长——22 位音乐名师的教育智慧》	陈　璞	30.00
	57	《超越自我的教师——32 位名师的成长感悟》	李卫东　李秀伟	35.00
	58	《心灵的守护者——19 位名班主任的教育智慧》	王晓松　曲文弘	30.00
	59	《名师感悟班主任有效工作艺术 90 例》	符礼科	30.00
	60	《名师感悟有效教学 90 例》	林高明　徐玉烟	30.00
信息化教学系列	61	《巧用白板教语文——信息技术与语文教学操作指南》	蒋丽清	30.00
	62	《跨越式实现高效课堂 ——信息技术与课程整合高效教学方案评析》	陈　玲　刘　禹	30.00
教师必读系列	63	《教师必学的 16 堂修养课》	武宏伟	30.00
	64	《教师不可不知的教学心理效应》	叶勇军	30.00
	65	《班主任不可不知的管理效应》	奚一琴	30.00
	66	《教师不可不知的教育心理效应》	孙　媛	30.00
	67	《校长不可不知的管理效应》	谢申刚　张金豹	30.00
	68	《成为好教师的 7 项修炼》	王福强　李维华	30.00
	69	《如何让学生会学习》	龙　冰	30.00
	70	《如何让学生爱学习》	周震宇　许小燕	30.00
核心教学主张系列	71	《新生代语文名师核心教学主张》	许友兰	30.00
学生心理解码系列	72	《孩子问题行为一点通 ——只有好老师才知道的学生心理谜底》	严育洪	30.00

系列	序号	书　　名	主编	定价
教育求索系列	73	《思政教学的人文力量》	戴晓华	30.00
	74	《师道新说——给教育者的30条箴言》	徐　卫	30.00
行思讲坛系列	75	《灵动而朴素地教语文——潘文彬的微格教育生活》	潘文彬	30.00
	76	《师爱无疆——润泽学生心灵的教育故事》	侯忠彦	30.00
	77	《怎样反思更有效——促进教师专业发展的反思策略》	诸贝贝	30.00
	78	《成为高度自觉的教育者——写给后课标时代的数学教师》	许卫兵	30.00
	79	《哲思数学课》	刘全祥	30.00
	80	《把学生教聪明》	严育洪	30.00
	81	《教师最应该规避的教育误区》	杨坤道	30.00
	82	《用语文的方式教语文——潘文彬教学主张与实践智慧》	潘文彬	30.00
	83	《怎样让阅读教学更有效——提升教学能力的十种读诵模式》	汪秀梅	28.00
	84	《让生命在润泽中起舞——当代小学生最需要的主题班会》	吴联星　罗　琳　冯卫东	30.00
	85	《让生命欢快拔节——当代中学生最需要的主题班会》	冯卫东　吴联星	30.00
	86	《课堂因生成而精彩——高效教学的生成智慧》	张文质	30.00
	87	《回到每一个人的生命化教育——张文质二甲中学教育行动录》	张文质	30.00
	88	《智慧数学课——黄爱华教学思维的实践策略》	黄爱华	30.00
中国教育变革之路丛书	89	《百年树人师何为——教师队伍建设困顿与出路》	将丽珠　李玉向	30.00
	90	《入园何时不再难——学前教育困惑与抉择》	曾晓东　范　昕　周　慧	30.00
	91	《三尺书桌何处寻——流动人口子女教育困难与破解》	范先佐	30.00
	92	《苦旅何以得纾解——高考改革困境与突破》	郑若玲	30.00
	93	《择校纠结何时了——择校问题困局与治理》	曾晓东　周文海　曾娅琴	30.00
创新教学思想系列	94	《“大问题”教学的形与神》	黄爱华　张文质	30.00
校长领导力系列	95	《高品质学校生长要素》	王益民	30.00
	96	《校长高校教学领导力提升策略》	徐世贵　郭文岢	30.00
教育漫笔系列	97	《课堂，诗意地栖居》	吴书华	30.00

系列	序号	书　　名	主编	定价
新思维系列	98	《教育中的“不一定”——打破教育的19种思维惯式》	严育洪	30.00
教学提升系列	99	《有思想地教阅读——让学生学会品读文字真意》	王学东	30.00
教育艺术提升系列	100	《藏在师生体态语言里的教学智慧》	张　宇　廖生波	30.00
教学全手册系列	101	《小学习作教学全手册》	郭家海	30.00
	102	《中学写作教学全手册》	郭家海	30.00
	103	《情境教学操作全手册》	冯卫东	35.00
	104	《合作教学操作全手册》	李春华	35.00
	105	《探究教学操作全手册》	周新桂	35.00
	106	《自主教学操作全手册》	诸葛彪	35.00
	107	《创新教学操作全手册》	王　玮	35.00
	108	《班主任工作全手册》	刘沛华	35.00
	109	《新教师工作全手册》	周震宇	35.00
	110	《学生心理健康教育全手册》	刘海莉　刘春杰	35.00
	111	《高效教学操作全手册》	马友平	35.00
教育思想者系列	112	《教育，一切从孩子出发》	黄　俭	30.00
创新人才培养系列	113	《创新人才培养校园科普精品课程开发与指导——人大附中创新人才培养》	罗　滨	30.00
	114	《创新人才培养特色校本课程开发与创新人才培养——清华附中“国际安全下的科学技术”课程构建与实施》	王殿军　方　研　赵宏雁	30.00
	115	《创新人才培养：学校实验室建设与管理》	刘克文　杨发丽　杨　平	30.00
	116	《创新人才培养：数学探究活动开发与指导》	马云朋　韩继伟	30.00
	117	《创新人才培养：化学研究活动开发与指导》	王　磊	30.00
	118	《创新人才培养：物理探究活动开发与指导》	廖伯琴	30.00
	119	《创新人才培养：地理探究活动开发与指导》	张建珍　陈　澄	30.00
	120	《创新人才培养：生物探究活动开发与指导》	张迎春	30.00
	121	《创新人才培养：理念探索与思维突破》	王晶莹	30.00

系列	序号	书　　　名	主编	定价
新生代通派名师系列	122	《简约数学教学》	许卫兵	30.00
	123	《语文教学的本真——情意课堂展现母语之美》	吴建英	30.00
	124	《语文课堂的理想追求——欢快达成三维目标》	董一红	30.00
	125	《阅读教学的真髓——意象构建读出文学的真美》	祝　禧	30.00
	126	《美术教育的真谛——审美人生教育让生命绚丽成长》	陈铁梅	30.00
	127	《语文教学的理想境界——无痕教学润泽生命》	李　凤	30.00
	128	《儿童作文的本义——嬉乐作文让儿童乐并成长着》	王笑梅	30.00
	129	《名师是怎样炼成的》	王建明　王笑君	35.00
幼师成长系列	130	《幼儿行为背后——教师如何读懂幼儿的心思》	吴亚英	30.00
	131	《最具教育力的22种幼儿教育思想》	杨　达	30.00
	132	《幼儿教师必知的安全应急措施》	杨　达	30.00
	133	《幼儿教师必备的教育技能》	李　玲	30.00
	134	《卓越园长21条幼儿园管理策略》	周　丹　江东秋	30.00